湛庐 CHEERS

与最聪明的人共同进化

HERE COMES EVERYBODY

# Motherhood

# 女性的英雄之旅

[美]
莉萨·马尔基亚诺
Lisa Marchiano
著

黄天怡
译

中国纺织出版社有限公司

# 你知道如何在养育中实现精神成长吗?

- 关于女性从事创造性活动,以下哪种说法有失偏颇?

  A. 能投身创造的女性通常没有孩子,因为女性有了孩子后创造力会枯竭

  B. 女性的创造性生命容易被成为母亲的日常工作淹没

  C. 成为母亲可以为女性带来全新的契机去相信自己的创造性潜能

  D. 现在女性的处境有了改观,一些女性有条件追逐创造的野心

- 妈妈在某个时期会在孩子身上看到最厌弃的那部分自我,这是真的吗?

  A. 真

  B. 假

- 妈妈对孩子发火也能教会孩子如何释放自己的愤怒,这是对的吗?

  A. 对

  B. 错

扫描左侧二维码查看本书更多测试题

# 为什么晒猫比晒娃更得体

　　朋友圈晒娃，似乎成为社交活动中最被排斥的行为之一。但是，晒猫就很受欢迎。究其原因，一种解释是，爱猫是全人类的共性，而疼爱孩子则是纯粹在表达个人情感。但你有没有发现，朋友圈里那些一贯独立、理性、深谙社交法则的现代女性，一旦当妈，还是会义无反顾地在晒娃这条路上结成同盟，她们真的只是被呼啸而来的激素冲昏了头脑吗？

　　现代社会在赋予女性更多自由和权力的同时，也施加了更大的压力，其中一个重要的原则，就是要求女性压抑自身本能，一切向男性看齐。特别是在公开场合，女性被认为应该展示自己理性、强大、可控的一面，隐藏或者删去所有的脆弱、不安或者情绪。在他人眼里，相比完成一个项目、拿下一个大单，甚至投喂路边的流浪猫，成为母亲，哺育新生命所带来的感受，则成了纯粹的私人感受。但是，这样的私人感受真的不应该分享吗？

在漫长的人类文明中，母性，或被捧上神坛，散发着无私圣洁的光芒，被人膜拜和歌颂；或被阐释为催产素和泌乳激素所激发的一系列本能反应集合，在血污和狼狈之间，带上了隐秘和羞耻的意味。这种两极化的认知，让女性在成为母亲的路上，越来越难得到必要的社会承认和精神动力。然而，母亲必定是女人，却没有哪个女人天生就是母亲。成为母亲，注定是一趟充满艰难和冒险的英雄之旅。在这条路上，互相倾诉是必不可少的能量源泉。

相比站在舞台中央创造历史的男性，女性显得过于谦逊。这也不怪我们，权威叙事常常让女性隐身于英雄的光芒之下，从古到今的文学作品中，不乏林黛玉、奥菲利亚这样的白月光，也不缺王熙凤、美狄亚般的美妇人。我们见识过大灰狼眼里的小红帽、麦克白遇到的三女巫，楚襄王梦中的巫山神女，但是，她们往往沦为配角，成为被打量、被塑造的对象，甚至成为疯癫或危险的代名词。她们丰富的精神世界，被压扁，被忽视。她们是情人、妻子或母亲，滋养、奉献甚至以自我牺牲成全英雄的伟业，她们是哺育者、诱惑者、支持者，在我们的印象中，似乎能量和坚韧就是女性天生的特质，就好像叫一声妈妈，就可以解决所有的麻烦。

事实绝非如此，相比男性，女性的生命具有更明显的周期性，面临的危机和考验也更加复杂，她们更需要智慧的滋养。如果说男性英雄像一座灯塔，它崇高、雄伟，散发着耀眼的光芒，接受世人的崇拜，那么女性的力量之源则更像是一口深井，隐秘、深邃，但在深层连接着另一个更宏大的世界。正如英雄必须在与恶龙的搏斗中重新发现自我。成为母亲，则意味着在某些时刻沉入深井，手拉着手，面对黑暗，发现并找到光明和出口。

根据人类学家的研究，传统社会中人们有大量的时间用于共同工作或闲谈，通过相互诉说、彼此安慰，古老的智慧得以传承，自责和压力则被释放。然而现代社会把人定义成一个独立的个体，要求每一个女性保持理性、独立，那些必然到来的自我怀疑、不安、沮丧、自责、煎熬，则被定义为"不正常""病态"和"疯癫"，形成了系统性的PUA。这本娓娓道来的"故事书"，不仅可以让女性朋友产生共鸣，获得情感安慰，让我们知道，正如每个人都曾面对艰难的选择和自我怀疑，没有一个女人在初为人母的时候，不曾陷入沮丧、自责，甚至绝望，你并不孤单。它还会让人们拓宽对女性认识的光谱，存在心理学大师荣格说，面对精神困境的现代人要学会向古老的故事求助。我想，这种自救，或许就像在茫茫大海上航行的水手，靠星座辨别方向，手绘了一张探险家的航海图，虽然笨拙，但稳定可靠。《女性的英雄之旅》就是这样一张手绘地图，在这个春天，让我们打开这份探险图，追随古老的故事，与人类公共的智慧连通，获得认知自我，理解世界的力量。

黄悦

文学博士、北京语言大学教授

## 旅程的召唤

　　我一直以为自己不想生孩子。读大学的时候，有朋友坦承自己渴望做母亲，当时我无法理解。我有雄心勃勃的职业计划，而当妈妈听起来相当平凡，施展才能的空间也很有限。大学毕业后，我就职于华盛顿一家非营利机构。这份工作激动人心，举足轻重，意义非凡。我深知这辈子有很多事等着我去做，我担心生孩子会影响我充分发挥潜能。

　　畅销书作家兼心理学家詹姆斯·希尔曼曾提出名为"橡果论"的发展心理学理论①。他主张，每个人来到这世上都带着独一无二的使命，需要我们去完成。正如橡果蕴含的是成

①　James Hillman, *The Soul's Code: In Search of Character and Callin* (New York: Random House, 1996).

为橡树的使命，我们降临人世，也有必须完成的事与必须实现的身份。神话学家兼作家迈克尔·米德写道："每个人身上都有一份古老的惊喜等待被唤醒，它像神话般蕴含着丰富的意义。"[1] 作为一名年轻女性，我极想找出那份等待被唤醒的惊喜。我害怕做母亲会彻底破坏这个谜底的揭示过程。

我的妈妈对母亲的身份是很失望的。虽然我能感受到她的爱，但她经常会埋怨，说自己的人生被框死了。"永远别生小孩！"妈妈感到特别压抑的时候会这样对我们吼叫，而她经常感到压抑。长大以后，我对做母亲这件事很是犹疑。

时间和年龄软化了我不做母亲的决心。我最终认识到，人格中的意识部分并不能回答所有问题。28岁那年，我在纽约读国际关系学。接下来，我计划读法学院，好在国际非营利组织中披挂上阵。对我而言，这是一份激动人心的工作。然而，灵魂深处的我却另有打算。

一到纽约，我就开始做一个又一个关于地铁的梦。梦境中地下世界的意象映射出的是我心灵的沉沦。尽管一再努力，我还是不可避免地陷入了抑郁。以前能给我带来使命感和意义感的工作，现在却让我感到空虚。我尽可能地投身于学院及其他领域的生活，但还是感觉一天比一天孤独和悲伤。我被拖入了深渊。

尽管我很害怕这样的下沉，但到了初春，在梦境的引领下，我对自己身上发生的事情产生了好奇。我开始记录每晚的梦境，阅读荣格的专著。这些书让我得以从不同角度看待自己的痛苦。它们帮助我将

---

① Michael Meade, *The Water of Life: Initiation and the Tempering of the Soul* (Seattle: Greenfire Press, 2006), 20.

折磨与病症视为进一步探索自我的邀请，而由此学到的东西则深深地攫住了我的心。

卡尔·荣格（1875—1961）是一名瑞士精神病学家，也是最伟大的灵魂探索者之一。荣格命名了数种内驱力，并主张占支配地位的是一种与生俱来的实现自身潜力的渴望。他认为无意识往往蕴含着被压制或被遗忘的元素，但它也能成为源泉，给个体带来惊人的创造力与成长。荣格指出，我们都和同一个意象与含义的源头，即深层无意识相连。它像一个仓库，保管着人类共通经验的原型模式。对身处抑郁和混乱的我而言，荣格的理论是一剂良药，让我那段黑暗且孤独的旅程有了意义和目的。

抑郁症是我人生的大地震。我的生命能量之河就此改道，我开始向内在涌现的渴望与本能表示顺服。事后想来，那场纽约的"灵魂暗夜之旅"显然就是我的宿命，我的橡果在萌芽。几年后，我搁置了学习法律的计划，踏上了成为荣格学派分析师的漫漫长路。

在此期间，我与丈夫相识并成婚。他一直希望有孩子，我也学到了更多人生智慧，知道生活应顺势而为。结婚两年后，我当了妈妈。出乎我意料的是，女儿出生后的第一年，我过得相当充实和愉快。最初几个月的确艰难疲累，但之后，我和女儿就找到了美妙的相处节奏。照顾她的每一刻都让我欢喜。似乎这样一个完美的漂亮宝宝还不能让我满足，女儿一岁之后，我开始参加荣格学派分析师的培训。我会推着女儿的婴儿车在小区散步，尿布袋里坠着一卷沉甸甸的荣格文集。孩子睡着的时候，我就在长凳上读书。我感觉心满意足。

然而好景不长。在女儿满一岁之后的数月内，我怀上了第二个孩子。跟上次相比，这次怀孕让我更加疲惫和焦虑。我总担心第二个孩

子的到来会影响现有的生活——我的工作、我的分析师培训，还有我
和女儿的关系。

离女儿两岁生日还有一周时，儿子出生了。同时照顾幼儿与新生
儿简直让人筋疲力尽。我完全无法招架，总是疲惫不堪、情绪低落。
虽然我的个人工作室还在接洽少数个案，但分析师培训不得不宣告暂
停，弄得我心里空落落的，感觉自己的职业生涯陷入了停滞。我这辈
子从没那么胖过，可我没时间锻炼，也没心思讲究饮食。体力透支，
连续三年缺乏睡眠，没时间思考和整理内心，还有要同时满足婴儿与
幼儿需求的不可能完成的任务，这一切让我感觉自己被耗尽。我想哭，
感到很无力。两个小孩仿佛让我失去了自我，陷入了泥潭。

十二月寒冷的一天，我带孩子们出门散步，只为了透透气。我咬
着牙把坐在双人推车里的孩子们推上斜坡。当妈妈真是太难了。我暗
想。可接下来的念头却出乎我的意料：但我获得了多么大的成长啊！
现在发生在我身上的这一切肯定是一次契机，能让我更好地理解自己。

从第一次冒出这个念头的那天算起，十五年过去了。小宝宝们已
经长成了青少年。这一路走来，每个阶段都在印证为人父母之艰难，
也让我对自己产生了新的理解。我从自己的母亲之旅中学到了很多，
也有幸通过咨询工作见证了别人的母亲之旅——有的人是第一次当妈
妈，有的人想和已成年的孩子处理好关系……这一路，的确存在各种
各样的问题。

母亲之旅伴随着繁重的体力劳动和极端的情感体验，它是一次严
酷的试炼，带给我们考验与改变。母亲之旅是一座滚烫的炼金炉，使
我们人格中旧的部分熔化，新的结构铸成。母亲之旅是一次令人头晕
目眩的高空走钢索，是一场化装舞会，是对生命之有限的深刻领悟。

它是失去又重得恩典，是获得又远离爱，是每时每刻的心痛。母亲之旅是跟自己的终极对决。它将带你进入灵魂深处，无论在那里等待被发掘的是糟粕还是宝藏。

荣格最重要的理论之一便是从生到死，我们始终在成长和发展。在他看来，我们从未停止成长和改变。实际上，随着年龄的增长，我们能收获更多成为自己的契机，从而做到全心全意地展开只属于自己的蓝图，成长为降临人世时注定要成为的那棵橡树。荣格将这一终身成熟的过程称为"自性化"。

自性化是与本真自我相协调的缓慢过程，这个过程将贯穿一生。它要求你接纳生活的一切，这样一来，所有打击、失望或错误都能帮助你与过去不被了解，甚至遭到唾弃的那部分自我成为朋友。如果你这一生都在专心聆听自我的真实声音，将最大限度地了解和接纳自我视为己任，那么，你最终将变得幸福睿智，而不是尖酸刻薄地老去。

在荣格学派分析师培训期间，我曾在第一次参加研讨会时亲眼看见自性者的模样。大会在蒙特利尔一家大酒店召开，与会者包括上百名分析师与学员。那是我第一次参加这类活动。能与荣格学派学者们近距离接触，我感到十分紧张。他们的著作对我影响深远，因此我很想展现出好学员的风貌。尽管肚子里的老二已经有几个月大，我的身体十分疲惫，但我还是参加了每一场讲座。

那天下午，著名荣格学派分析师哈里·威尔默准备谈毛线画。威尔默博士是社会心理学界的先锋人物。此前我从未听说过毛线画。我想，威尔默博士应该会展示一些原住民的手工艺品，然后探讨其中蕴含的原型象征意义吧，好像会有点沉闷，但我还是决心认真参加。

当时威尔默已经八十多岁了，用话筒讲话时声音有些断续模糊。一开场，他便向我们诉说了他的经历。他在第二次世界大战期间确诊了结核病，于是在海军军舰上的疗养院里待了一年半。那段时间他过得十分艰难和孤单。在不知不觉中，他拿起了毛线和针，开始无师自通地制作毛线画。这段漫长的病史让他更好地理解了自己，他的毛线画就反映了这段内在的历程。

他给我们展示了几张作品的幻灯片，它们揭示的是他试图跟悲伤、痛楚与孤独握手言和的过程。他还讲了自己的儿子成年后死于摩托车车祸的事，然后展示了悲剧发生之后他制作的毛线画的照片。

这些画作色彩鲜艳，富有意趣，不过其艺术价值并非重点所在。威尔默告诉我们，他总是从"画布"中间缝起，从来不知道最终会是怎样的画面。这些画作是从他的无意识里自然流露出来的，各方面都很像小孩子的作品，十分质朴天然。威尔默说："每个人本质上都是艺术家。"

讲座开始没多久，我就开始流泪。我原以为这位著名的分析师会进行一场深奥甚至是晦涩的学术研讨，可实际上，他毫不设防地站在我们面前，跟我们分享他如何运用简单的办法令难以忍受的痛苦拥有意义。我不知道自己哭成这样是不是受孕早期荷尔蒙变化的影响。不过，后来我碰到了一个朋友，我问她有没有听这场讲座，她说："噢，我听了，而且整场都在哭。"

一年半之后，哈里·威尔默去世，享年八十八岁。

荣格认为，心理成长的目标是走向完整。走向完整指的是能充分体验所有情感；能怀疑自己，承认错误，对世界怀有热情与兴趣；能拥抱自身的犹疑，倾听内在的声音；能为保护自己与所爱之人召唤出权威与力量。

走向完整指的是能笑看人生，能心怀敬畏，也能自嘲。它指的是能在必要的时候保护自己，也能在其他时候放下戒备，用敞开的心面对世界；能保持惊奇，也能品尝痛苦。也许最重要的是，走向完整意味着对自己怀有好奇，这样一来，生活带来的每个全新挑战都能成为进一步理解灵魂奥秘的契机。

很少有哪种生命体验能像母亲之旅这样，让你有可能如此深入地理解自己。母亲之旅会把你累垮，让你充满恐惧，也使你感动落泪。这场旅程将激发出你的快乐、自疑、欣喜、满足、愤怒、恐惧、羞耻、恼火、无力、遗憾、焦虑，还有爱。你会看到自己最好的一面和最糟的一面。如果说归根结底，人生的意义就是通过体验进行扩展，以更多地了解自己，那么可以说，母亲之旅为你了解自己提供了广阔的舞台。

从这个角度来看，能否做完美的母亲并不重要——无论我们是职场妈妈，还是全职妈妈；无论我们有没有为孩子自制辅食或亲手缝制万圣节服装。这些都不重要，重要的是，我们有没有敞开心扉，全身心地投入这场体验，真正做到"置身其中"，去真实地活在当下，品尝所有的心痛、失望与快乐。如果能以这样的心态踏上母亲之旅，那么不管犯下多少"错误"，你都不会偏离方向。"通往完整的正途……"荣格说，"注定迂回曲折。"① 只要能带着觉察去拥抱母亲之旅，它就能帮助你走向完整。

---

① C. G. Jung, *The Collected Works of C.G. Jung*, vol. 12, *Psychology and Alchemy*, trans. R. F. C. Hull, 2nd ed. (Princeton, NJ: Princeton University Press, 1968), para. 6.

只要能顺其自然，母亲之旅就能成为契机，带你走向完整的自我。不过听从召唤绝非易事。为人父母之艰难往往会让我们远离初心。母亲之旅常伴以艰难的情感体验。它会激发出愧疚、怀疑，甚至自我厌恶。可想而知，为了回避这些情绪，你也许会躲开孩子，要么尽量减少和他们相处，要么在情感上抽离。你也可能会压制内在声音的敦促，奉育儿文章和金句为圭臬。这样做能缓解自我怀疑带来的紧绷感，但最终将牺牲掉你的本真性，还会让你错失进一步认识自我的机会。母亲之旅中的黑暗时刻是很痛苦的，但恰是这些体验能让我们将认识自我的根须延伸至最深处。

当然，养育婴儿会令我们手忙脚乱、缺乏睡眠，以致失去理智，忘记自己的心灵正在经历一场成长。若青春期的孩子走上抑郁或自损的歧途，我们的内心会充满烦躁与恐惧，对自我转变的察觉肯定不是我们优先要考虑的问题。看到试炼中蕴含的意义绝非易事。

幸运的是，前人为我们留下了无尽的故事宝藏，能为这场旅程指引方向。借由故事，我们得以理解自己的经历，知道我们并不孤单。故事把我们个人的煎熬和人类共通的表达相连，这样一来，苦难就变成了对灵魂的锻造。童话就是这样的向导故事。

有一个聪明人曾经说过，童话外在为假，内里为真 ①。神话与童话是普遍心理模型的宝库。它们阐明的生命主题或多或少曾是你我的困境。绝大多数故事与走向完整，即前面所说的自性化过程有关。只要能在童话中认出自己，我们就知道自己并不孤单，因为前人也有过相似的经历。这样一来，我们也许就能用略为不同的眼光去看待困境，

---

① 改写自一个孩子对"什么是神话"这一提问的回答，出自 Robert Johnson, *We: Understanding the Psychology of Romantic Love* (New York: HarperOne, 2009),2.

设想出更多选项。同时，对于将去往何处，我们也会产生新的认知，因为我们知道自己在哪个故事里。至少，无论身陷何种困境，只要知道那是人类共通故事的一部分，焦虑的心就总能感受到一丝慰藉。说到底，我们都是"人生"这场盛大演出的演员。在童话和神话优美永恒的语言中，听到自身忧虑的回响是非常治愈的。

英雄是我们每个人一生中都可能经历的两种基本原型模式之一，另一种原型模式则是母亲。通常来说，英雄与男性相关，母亲与女性相关。不过无论男女，一生中都可能受到召唤，踏上其中一种或两种旅程。无数神话传说向我们揭示了英雄之旅的基本模式：英雄必须进入未知领地冒险，征服恶龙，迎接挑战，然后带着新的智慧回归。古老而永恒的传说也同样向我们阐明了母亲之旅的模式。它与英雄之旅有许多相似之处，但存在一个关键的区别：母亲之旅不是对外探索，而是一场向内、向下的旅程。以女性为主角的故事往往涉及"下沉"。

"井"是神话与童话中经常出现的符号。这一丰富的意象象征着与生命之水的联结，水从地底世界，即无意识的深处神秘涌现。在凯尔特神话中，神圣的井是通向异世界的入口，井水拥有治愈的魔力。

小时候，我常去祖父母在佐治亚州的农场过暑假。他们家在 1950 年前后就安装了现代管道系统，可祖母还是喜欢从后院的大木井里汲水。深井总是令人毛骨悚然。我还记得自己大着胆子把身体探进井口时那种战栗的感觉。让人头晕目眩的深度，怪异的回声，即使在最炎热的日子里也会涌现的阵阵凉意，它们都暗示着另一个世界的存在。当祖母放下木桶时，转动的井辘轳会剧烈晃动，轰隆作响，然后水桶便往下荡，往下，再往下，经过长得不可思议的时间，才终于听到一声遥远的，水桶落入水中的声响。《象征之书》告诉我们，站在井边时，"与我们相连的似乎是另一个神秘的国度，是地底，是冥国，是我们内心的召唤；是未知，是沉思，是或许延伸至无穷的心灵迷阵。"①

　　许多年过去，现在，祖父的存在焦虑（existential anxiety）②集中体现为对水井干涸的担忧，可是井中始终有冰凉刺骨的井水。无论多少次把木桶放入阴凉的井底，总能满载而归。井以这样的方式提醒我们和神秘深邃的心灵源头保持联结，那是一眼永不枯竭的源泉，能为我们带来直觉、梦境与想象。

　　你也拥有这样一口永不干涸的井，即使有时在感觉上并非如此。内在的井将你和深处的源泉联结在一起，它所蕴含的智慧、直觉与本能是人类的传承。母亲之旅的挑战就是在邀请你和这个源头建立联结——你要潜入灵魂深处，去探索这眼饱含着内在世界的创造力、意象与含义的不竭之泉。尽管祖父总害怕用水太多会让井干涸，可在我的印象中，只有无人使用的井才会枯竭。无意识的馈赠是没有穷尽的——越想从无意识中获取智慧，就越能获得丰厚的回报。

　　本书要做的就是带你踏入这趟下井之旅，汲取秘密的源泉。接下来等待着你的财富将以童话、神话和梦境等形式呈现。开始你的下沉吧，它将成为你踏入灵魂深处的第一步。

———————

① Ami Ronnberg and Kathleen Martin, *The Book of Symbols* (Köln, Germany: Taschen, 2010), 610.
② 由人本主义心理学家提出的对焦虑本体论的定义，代表学者有罗洛·梅。人本主义心理学家将存在焦虑视为人类的伴生物，是人存在的标志。保罗·蒂利希认为存在焦虑分为三类：对死亡和命运的焦虑、对无意义感和空虚的焦虑，以及对谴责和罪疚的焦虑。——译者注

目　录

## 第三部分
## 浮出水面

我们将浮出水面，细数但愿能够取得的心灵宝藏，包括成熟的灵性、焕然一新的创造力，以及持久的内在权威感。

引 言

# 溯源之旅

意识渴望自然的治愈，渴望存在的深井，渴望与生命数之不尽的形式进行无意识的交融。

——《转化的象征·荣格文集（第二卷）》

启蒙之旅都需要向导，这正是本书所扮演的角色。本书讲述的故事体现了标志着女性启蒙的普遍循环——坠落、逗留与回归。在我们通过母亲之旅加深对自己的理解的过程中，这一循环将反复出现。第一次当妈妈，你的孩子开始上学，十几岁的女儿面临困境，儿子离家去上大学——所有这些经历都是在邀请你潜入源头，做出改变，然后归来，如此往复。无论从宏观还是微观的层面，母亲之旅都能让我们进一步认识自己。本书致力于全方位地展现我们在这趟旅程中的心理发展过程。

本书第一部分要探讨的是母亲之旅如何反复将我们掷入深井，让我们进入神奇又可怖的内在世界。下坠带来的最大感受就是失去——失去自由，失去控制，失去自我。第二部分，我们将检视在地底王国的发现和挑战。在这个"逗留"阶段，我们将与内在的黑暗相遇，它包含的是遭到厌弃与否定的自我，有时我们会害怕与之相认。最后，在第三部分"回归"中，我们将浮出水面，细数但愿能够获得的心灵宝藏，包括成熟的灵性、焕然一新的创造力，以及持久的内在权威感。

本书的某些故事会正中你的下怀，清晰直接地对你诉说；有些故事则可能令你感到陌生或难以理解，这类一开始不好理解的故事蕴含着重要的智慧，只有假以时日其内涵才会显明。在阅读本书的过程中，请留意你的感受、念头与浮现的意象，用日志的形式记下你的反应可能会有所帮助。

你也可以留意在阅读本书的过程中所做的梦。梦是无意识用来和我们对话的古怪语言。"每个人心中都有一个未知的自己，"荣格提到，"他通过梦境向我们诉说，让我们知道他对我们的看法和我们对自己的看法有多么不同。"[1] 梦境通过譬喻、意象、象征和感受与我们进行沟通。梦有时可怕，有时美妙，但永远让人着迷。即使理解不了，我们也知道梦是有含义的，因为它们蕴含的是引导自我的智慧。它们总能揭示一些我们无法通过意识去了解的东西。你的梦境可以成为母亲之旅的向导。在本书中，我们会提到一些梦境，会去探索它们的重要性。

童话和梦境一样，只有懂得欣赏和珍视，才能得到它们丰富的滋养。不过，它们也和梦境一样，只有我们主动与之交互，其治愈价值方得凸显。基于此，我会在每章末尾都列举几道思考题。请你在答题

---

[1] C. G. Jung, *The Collected Works of C.G. Jung*, vol. 10, *Civilization in Transition*, trans. R. F. C. Hull, 2nd ed. (Princeton, NJ: Princeton University Press, 1970), para. 325.

前先把故事从头到尾读一遍，接下来，我将以思考题作为引子，邀你进行更为深入的思考、记录或讨论。请以第一反应作答，即使答案离谱也没关系，重点是让故事中的意象引导你展开与无意识的对话。这些思考题没有错误答案。

母亲之旅是生命伟大的契机，让我们得以投身转变的烈火。这样的转变能带来无尽的心灵财富，帮助我们成长为注定要成为的那个人。不过毫无疑问，这种转变总是痛苦、孤独和可怕的。在母亲之旅中，我们中的大部分人将不止一次面对黑暗，然而谈论它们却似乎是一种禁忌。黑暗永远与坠落相伴，这就是为什么本书中的许多故事都以黑暗为主题。当你听从灵魂的召唤潜入内在世界时，你会发现自己身处由黑暗主宰的无意识王国。黑暗有时空洞得令人战栗，可实际上，它永远育有新生命的初芽。母亲之旅所带来的艰难的情感体验会令人痛苦，但这些我们不能回避。正是这片黑暗孕育出新生命，是黑暗令转变发生。

## 旅程地图

在这趟下井之旅中会发生什么？我将以童话的形式为大家带来可供使用的"地图"。故事《两只匣子》就是这趟下井之旅的向导，它能带我们找到内在世界里那眼神秘的意蕴之泉。这个故事的情节展现了女性启蒙的母题——坠落、逗留与回归。女性下行至深渊这类故事有很多，其中最久远的也许是一个美索不达米亚地区的古老传说，讲的是女神伊南娜（Inanna）① 去冥界拜访黑暗姐妹厄里什基伽勒

---

① 伊南娜是苏美尔神话中的爱神与智慧之神，相当于希腊神话中的爱神与美神阿佛洛狄忒。——译者注

（Ereshkigal）① 的经过。这类故事揭示的是有关女性心灵发展本质的深刻真相，今天依然适用。《两只匣子》能让我们为本书之后的旅程做好准备。它会告诉我们，被投入深井时会发生什么，在井底该采取什么心态，归来时又可能获得什么宝藏。之所以把它选作母亲之旅的第一个故事，是因为当母亲就意味着一次次被抛入深井。

## 两只匣子

从前有一个妇人，她有一个女儿，粗俗、懒惰、无礼，但妇人非常溺爱她。妇人还有一个继女，可爱、和善、有礼，但妇人待她比仆人还不如。妇人憎恨继女，想除掉她。一天，她让两个女儿坐在井口纺线，警告说谁的线先断，谁就会被丢进井里。

妇人给了亲生女儿最好的亚麻，纺起来很顺滑，不会断。她给继女的原料却很粗糙，一下就断了。于是妇人抓住继女的肩膀，把她丢进了井里。

"一切都结束了！"妇人说。可她错了，因为一切才刚刚开始。

女孩落到井底，发现自己来到了一个美丽的王国。她走了一会儿，遇到了一排摇摇晃晃的旧栅栏，上面爬满藤蔓。"请别踩到我！"栅栏说。于是女孩小心地跳了过去。

---

① 厄里什基伽勒是苏美尔神话中的冥府女神，相当于希腊神话中的冥王哈迪斯。——译者注

接下来，女孩遇到了一个装满面包的烤炉。烤炉说，女孩想吃多少面包都可以，只求她不要伤到自己。女孩吃了一个面包，向烤炉表示感谢，然后小心地关上了炉门。女孩又走了一段路，遇到一头奶牛，牛角上挂着一个桶。奶牛对女孩说，欢迎她挤奶并喝奶，但是希望她不要伤到自己，也不要把奶弄洒。女孩小心地挤了奶。喝饱以后，她把牛奶桶重新挂上牛角，一滴奶也没洒出来。

最后，女孩来到一座小房子前，里面住着一位老妇人。老妇人命令女孩进来，让她给自己梳头。女孩恭顺地梳通了老妇人长长的白发，于是老妇人给了她一份养牛的工作。女孩把牛照看得很好。饿肚子的猫去粮仓时，女孩给它们牛奶喝。饿肚子的小鸟来的时候，女孩给它们玉米吃。

等女孩养了一段时间牛，老妇人召她过去。"你把我伺候得很好，"老妇人说，"不过，现在我要给你别的任务。"她给了女孩一个筛子，让她去打水。女孩急得快哭了，因为这是个不可能完成的任务。这时，被她喂过玉米的小鸟来了，教女孩用灰堵住筛子上的眼儿。女孩照办了，按照老妇人的吩咐成功取回了水。

老妇人似乎很吃惊，于是又给了女孩一个任务。这回，女孩必须把黑色的羊毛洗白，把白色的羊毛洗黑。女孩再次沮丧得想哭。这时小鸟们又来了，告诉女孩脸朝东洗能让黑羊毛变白，脸朝西洗能让白羊毛变黑。老妇人又一次吃惊地发现女孩完成了任务，她甚至有些恼火。

"我要给你最后一个任务。"老妇人说。她让女孩把一卷毛线织成长袍，要和国王穿的长袍一样柔顺，而且必须在太阳下山之前完成。可毛线不是打结就是断掉，女孩没能织出袍子。这时，被她喂过牛奶的猫来了，帮她织起了袍子。太阳即将下山时，袍子完成了，要多完美有多完美。

"因为你很勤劳，"老妇人说，"就让你选一只匣子带回家吧。"老妇人领着女孩来到阁楼，里面全是美丽的匣子，女孩个个都想要。这时猫来了，告诉她应该选最普通的那只黑匣子。

女孩回到家，继母见到她后很不高兴。可当女孩打开那只小小的黑匣子时，金银珠宝倾泻而出，把女孩住的鸡舍堆得满满的。

继母见状，也想让亲生女儿发一笔财。于是，她让女儿坐到井口纺线，线一断就把女儿推了下去。这个懒姑娘的经历和她的姐姐一样，可她对栅栏、烤炉还有奶牛都很粗鲁，农场的活也干得不好。因为她没有善待小鸟和猫，所以它们没有帮助她完成老妇人的任务。

任务结束后，懒姑娘也和她的姐姐一样被带去阁楼选匣子。她没有选朴素的小黑匣子，反而选了一只红色的大匣子。她觉得比起姐组带回来的小匣子，这里面的财宝肯定更多、更值钱。等她回家打开匣子，匣子里面却喷出了火，把她和她的妈妈都烧死了。

## 象征意义

对童话进行心理学阐释，首要的假设便是故事中所有的元素都是单一心灵的不同侧面。也就是说，继母、奶牛、老妇人和井都是女主人公心灵的一部分，故事讲的则是它们之间可能存在的联系。两姐妹截然相反的个性，可以理解为同一人格的不同侧面。没有谁能时刻保持善良、高尚与耐心。我们今天是善良礼貌的姐姐，明天就是懒惰傲慢的妹妹。这两个面在我们身上同时存在。

故事开头，善良的姐姐任由残忍的继母摆布。从心理学的角度来说，它象征着人遭到的批判性内在声音的压迫。那声音指责你，削弱你的自信。这一角色由继母来扮演并非巧合。通常在女性的心灵中，批判性的内在声音就是内化后的现实母亲的声音，尤其当你的现实母亲本就喜欢批评和贬低你的时候。

若我们不断遭到这种挑剔的内在负面能量的压迫，生活就会变得容易"断线"。只要我们开始做某件事——无论是一个项目、一个念头，还是一句话，这个内在的批判声就会把我们打断。卡罗琳是我的一位来访者。这位聪颖的女性头脑灵活，好奇心旺盛，喜欢从图书馆借书。她借的都是自己感兴趣的书，可书借回来以后，她总是不读。书就摆在床边。只要看到那些书，就会有一个严厉的声音开始批评她，说她不应该追求这些不切实际的兴趣爱好，说她根本读不懂。这个内在声音与她儿时听到的父母的贬斥极其相似。卡罗琳的生活因此常常"断线"。她无法对任何事保持长久的兴趣，也就无法取得真正的进步。

想象一下这种感觉：坐在井口，同时做着需要集中全部精力才能完成的工作。你既无法放松，也无法专心做事。你总感觉自己"摇摇欲坠",而事实也是如此——你的确时刻面临坠落的危险。我们中的大部分人正是以这样的状态在生活:在黑暗情绪的边缘维持着摇摇欲坠的平衡,耗费大量的情绪能量防止翻倒和坠落。也许我们能勉强浮在水面,不会直落深渊,但这种生存之道会令人疲惫不堪,无法真正投入生活。

生活将你掷入深井,肯定会让你感到痛苦、恐惧和迷惘。从井底归来时携带的是宝藏,还是诅咒,则取决于你以怎样的心态面对无意识,即井底那片神奇的土地。

面对无意识,你必须保持正确的心态。若以傲慢相对,刚愎自用,那么你很可能会和无意识毁灭性的一面不期而遇。若你对待内在生命的态度和懒惰的妹妹一样,无视无意识的提醒,妄想不付出就取得回报,你就会发现计划逐渐偏离,能量慢慢枯竭。每个转折点都让你感觉受挫,你再也无法相信生活。

如果面对无意识时,你和善良的姐姐一样,无论事情看起来多么古怪或没有价值,你都能敞开心扉,怀有好奇,内在世界就会一点点向你敞开。如果我们能认真对待梦境,无论它看起来多么荒诞不经;如果我们能关注直觉微小的震动,留意身体做出的反应——若以这样的心态生活,我们就能和无意识建立起正确的联结,我们就能和善良的姐姐一样,伺候好老妇人,获得丰厚的回报。

## 普遍主题

童话和神话里充斥着各种意象,它们表达的是跨越时间及文化隔阔的普遍主题。巫婆、智慧老人与母亲便是其中几例，荣格将这些基本模型称为"原型"。它们生而有之，是人类共通的心灵遗产，每个人身上都存在。原型与生俱来，这一普遍模型构筑了我们的精神世界。原型意象多种多样，但这些能量象征的主根都深植于同一个源头。古老的原型与灵魂最深处的本能智慧相关。与原型的相遇往往会激发出我们强烈的情感。

井就是原型意象的一种，象征的是可怕但暗含新生的深潜。井是《两只匣子》的核心譬喻，也是本书的核心譬喻。井通常与女性能量相关，在许多文化中是女神的圣物。若汲取井中的水，我们便能修复内在的神圣女性能量。因此，"下井"便象征着灵魂深处女性能量的启蒙。母亲之旅就像被抛下深井。与任何启蒙经历一样，这样的旅程会迫使你交出控制权，沉入灵魂深处，在那里，等待你的将是一场与灵魂的交锋。如果怀着谦逊和好奇，敞开心扉，这样的经历就可能带来转变——你将拓宽对自身的感知，确认自己在悠悠天地间的位置，找到自己在苍茫宇宙中的归属感。

下到井里，你将与神圣的女性原型能量不期而遇，这当然就是那位老妇人。老妇人就活在你心里，你会在母亲之旅中和她相见。与所有原型一样，老妇人具有两面性。她既能带来生命和创造力，也能施以惩罚与毁灭。其他版本的《两只匣子》对老妇人神秘的两面性有更多的细节描写。在其中一个版本中，老妇人只要抖动羽毛床垫，人间便会下雪，这分明是说她就是原始自然女神。还有一个版本则强调了她的古怪和丑陋：牙齿大得出奇，头发里全是虱子，还能随心所欲地摘下和替换自己的脑袋。老妇人的形象永远亦正亦邪，既能赠予丰厚的财宝，也能带来狂暴的毁灭。这正是构成精神世界基石的能量的本质。在母亲之旅中，老妇人截然不同的两面你都有可能看见。

在这个故事里，还有两个特别突出的原型意象值得我们多加探讨。纺线和织布作为关键题旨贯穿了整个故事。这两种朴素的劳作蕴含着数不清的象征意义。在希腊神话和北欧神话中，掌管生命的命运女神便是纺线者与织布者。《两只匣子》通过对纺线和织布的强调让我们明白了这样一个基本道理：正是通过每天做出的无数次选择，我们纺出了命运的布匹。

牛也是故事中数次出现的意象，它揭示了无意识滋养和母性的一面。在北欧神话和埃及神话中，牛与人类的诞生相关。牛也是印度教的圣物。牛在故事中的重要性强调了在神圣女性能量中，赋予生命的温柔和古怪、恐怖相伴相生。它提醒我们，我们永远可以向内寻求复原力的滋养。即使你看到的是老妇人可怕或古怪的那一面，也别忘了温柔的牛，它也是你的一部分，同样存在。

## 女性启蒙

从本质上说，《两只匣子》这类讲述女性下行至地底，并与有时会威吓我们的女性神祇相遇的故事，象征的就是女性启蒙。这类故事展现的是一种古老的原型模式，全世界的女性自人类意识萌芽开始便体验着这种模式。它包含三个重要阶段：坠落、逗留与回归。全世界的启蒙仪式都有这三个阶段——新人必须先离开家族和部落，然后通过一场试炼，最终以全新的姿态回归家族和部落。启蒙仪式意在送我们上路，开启我们的心扉，迎向灵魂深处生而有之的神秘使命。

今天，鲜少会有人去参加一场正式的启蒙仪式。然而，即使没有这些仪式，生活也会给我们启蒙。有启蒙意味的人生事件会打破我们的外壳，把我们甩出惯常的轨道，激发我们踏上更广阔的新路，重新去整合自我认知。无论察觉与否，我们都会不断迎来揭示神秘的人生使命的契机。生活给了我们无数机会，让我们下井去证明自己，期望我们能带着财宝，即更完整的心智返回。所有挑战都可能将我们抛下内在的深井，但在诸多生命体验之中，母亲之旅也许最卓有成效。

## 思考题

**Q1** 启蒙是一场试炼，考验我们，打破我们，向我们揭示命运。即使不参加正式的启蒙仪式，生活也会使我们启蒙。你在生活中有过怎样的启蒙经历？

**Q2** 假设你就是那个憎恨继女、总想除之而后快的继母。你在生活中有过这样的体验吗？你想把什么抛入深井？是你特别憎恶的那部分自我吗？你对它是否比对仆人还不如？

**Q3** 善良的女儿被迫坐在井口，拼命去纺粗糙易断的线。你遭遇过这种岌岌可危的状况吗？你接受过不可能完成的任务吗？

**Q4** 善良的女儿想纺线，可线总是断。有时在生活中，我们即使努力也得不到回报。你有过这样的经历吗？

**Q5** 善良的女儿被猝不及防地抛入了黑暗的深井，这肯定非常可怕，因为她不知道自己能否存活，更不知道井底有什么在等着她。在生活中，你遇到过这样可怕的未知吗？

**Q6** 你有没有像善良的女儿那样对待过自己的内在世界？有没有在疲惫时听从过身体的呼唤，允许自己休息？有没有记录过梦境，听从过直觉的指引？

**Q7** 你有没有像懒惰的女儿那样对待过自己的内在世界？有没有在疲惫时对无意识发出的信号置之不理？有没有把自己耗尽，强迫自己硬扛？你是否将梦境、情绪这类无意识的馈赠弃若敝屣？

**Q8** 你会选哪只匣子？描述一下最近一次选了小黑匣子的经历，即那些不那么光鲜亮丽但更能带来满足感的东西。你选过更亮眼的红色匣子吗？它是否看上去华丽，最后却毁了你内心的幸福与喜乐？

# Motherhood

第一部分

坠入深井

坠
落

我们被反复掷入深井，进入神奇又可怖的内在世界。
下坠带来的最大感受就是失去——失去自由，失去
控制，失去自我。

# Motherhood

# 第 1 章

# 失去自由

> 人只有接受自身的命运……才能实现自性化；否则人只是单纯的偶然，是不值一提的凡胎。
>
> ——约兰德·雅各比（Jolande Jacobi）在《自性化的道路》（*The Way of Individuation*）中援引荣格的话

　　被抛入深井，意味着被不受意识控制的内在与外在力量掌控。一开始，这样的坠落会带来多重失去，包括失去自由、失去控制，甚至失去自我。在母亲之旅中，我们会以各种形式被抛下深井。找到回来的路对有的人来说特别艰难，这取决于具体的情境、亲子关系的性质，以及我们自己被养育的方式。在我们长大成人的过程中，自我感的发展或多或少受过伤害。这些伤害会在我们成为父母之后以新的面貌浮现，给我们带来独属的考验，也带来治愈的机会。如果你的自我感很薄弱，母亲之旅会对你所剩无几的自由感与自主权构成威胁。你的这趟下井之旅很可能会因此充满痛苦和忧虑，但它也让你有机会和自身的存在基础建立起深度联结。

自恋型父母带来的创伤会让一个女性的母亲之旅变得格外艰难。如果你的父母需要你来满足他们，或是让你成为镜子，帮助他们进行自我修正①，你的自我感很可能会变得极不稳固。在这样的环境中长大，成年后你很可能不知道自己是谁，也不知道自己重视什么。你的认知可能会受损，认为自己没资格拥有感觉或提出需求。你无法向任何事许下承诺——包括你的人生。你不知道该如何保全和维护自己的利益，因此，母亲之旅会轻易把你压垮，你会感觉受到拘禁。

母亲之旅将我们投下深井，我们由此得到的第一个暗示也许就是这种被拘禁的感觉——行动遭到束缚，选择变得有限。如果在做母亲之前，我们从未得到过整合自我感的机会，那么这种强加于身的限制就会变成苦涩的监禁。为人父母需要不断付出，女性会感觉被掏空，由于不知道该怎样设立边界或寻求帮助，最终可能会对孩子产生恨意。

如果由于自己的母亲在身体或情绪上无能为力，而没有得到过母爱，那么轮到你做父母时，过去遗留的未竟之事将再次浮现。这样一来，你的母亲之旅就会变成一段黑暗的隧道。成为母亲会唤醒你心中因遭到遗弃和孤立而带来的崩溃感。昔日的情感创伤再度浮现，旅程会格外艰难。但是请相信，之所以让你再度察觉这些创伤，是为了让你有机会被治愈。你要向你的内在敞开，即使痛苦也要坚持，只有这样才有复原的可能。

---

① 通常来说，父母才是幼年子女的镜子，幼年子女通过父母的反应来评判和修正自己的行为。这里所说的是一种逆反的关系，即父母靠孩子来进行自我修正的行为，这会给孩子带来非常大的压力，让孩子承担起本不该承担的责任。——译者注

## 劫持与囚禁

康斯坦丝在她第一个孩子出生后不久，就来找我咨询了。怀孕以后，她辞去了律师事务所律师助理的工作。如今，她感觉孤立无援，对婚姻绝望透顶。

"我被困住了，"她说，"我想逃走。"

康斯坦丝从未了解过自己，也没有探索过自己的喜好。她没有真心实意地说过"好"，因为她没有真心实意地说"不"的权利。她来自波士顿的一个富庶家庭，从小养尊处优。可她的母亲有许多未被满足的自恋需求，因此并不好相处。母亲从康斯坦丝很小的时候就开始要求她满足自己的这些需求。

比如，母亲曾大费周章，精心筹划了康斯坦丝的洗礼。她会把午餐安排在市中心的高档会所，请波士顿最好的餐饮公司来操办。亲朋好友应邀从全国各地飞来。可洗礼当天，三个月大的康斯坦丝却发烧了。她精神萎靡，显然病得不轻。尽管如此，母亲还是给她吃了退烧药，让她穿上了那套特别订制的昂贵的洗礼服。教堂仪式结束后，母亲不仅没有把生病的婴儿直接送回家，还让她整个下午都出席了午餐会。这件事成了家族内部的笑柄，可母亲坚称自己并不知道康斯坦丝病得很重，因为那天她几乎没哭。康斯坦丝看过洗礼当天的照片，她的眼睛蒙着水雾，脸蛋通红，被前来参加洗礼的亲戚轮番抱着合影。两天后，康斯坦丝因为呼吸道感染入院，治疗了好几天才回家。

在康斯坦丝的成长过程中，母亲对她的期望是性格柔顺、模样漂亮。母亲很苗条，永远在减肥。可康斯坦丝从小就肉肉的，青春期更是有点超重。康斯坦丝痛苦地回忆道，整个中学时期，母亲一直在带她寻医问药，参加减肥营。她感觉自己让母亲很失望，就因为她不够苗条、漂亮。

某次咨询时，康斯坦丝带来了小时候的照片，我总算看到了她"胖"的样子。在其中一张照片里，十二岁的康斯坦丝和一位表妹站在海滩上，两个女孩都穿着泳衣。康斯坦丝看着镜头，笑容有些犹疑，带着一丝不安。她是有一点丰满，对比那位表妹尤其明显。那个女孩长着一双大长腿，胳膊细瘦，髋关节从泳衣里支棱出来。但是十二岁的康斯坦丝绝对算不上"胖"。我凝视着这张照片，看着她踌躇的笑容和眼神中的疑惑。我知道，那个时候，她已经在母亲的坚持之下开始"减肥"了。

成年以后，康斯坦丝已经习惯了这种体察与满足周围人需要的生活。成为母亲之前，顺应他人需要就是康斯坦丝的生存之道，这是她为了平安度过童年，在自恋型母亲身边习得的。她才刚开始和查尔斯约会，男方就非常强势地催她结婚。据康斯坦丝回忆，当时她甚至不清楚自己喜不喜欢这个人，可对方的坚持压倒了她，她没能坚持自己的立场去要求放慢事情发展的速度。两年后，他们奉子成婚。

康斯坦丝很爱儿子，对他精心照顾，疼爱有加。可她的儿子有特殊的健康问题，照顾工作很繁重，还需要长时间监护。结婚和怀孕都不是康斯坦丝发自真心的选择，因此她经受不住做妻子和母亲时扑面而来的失望与挑战。她才刚刚抱持起实现自我的可能，儿子就出生了，这似乎带走了她仅存于想象的自我成长和探索的机会。

一则苏格兰传说讲述的正是这种自我感薄弱的女性的心理状态。对《海豹新娘》的女主人公而言，婚姻与为人母等同于绑架和拘禁。

启蒙故事
Enlightenment

## 海豹新娘

从前有一个贫穷的农夫。一个仲夏夜，他在海边看见三位美丽的少女在月光下歌唱。农夫被她们迷住了，便躲在暗处偷看。当他试着往前走出一步时，少女们被惊动了。她们立刻披上灰色的外衣，滑进了海里。

农夫很苦恼，因为他爱上了那些美丽的少女，一心想娶一个回家。他去请教一位有智慧的妇人。妇人告诉他，那些少女是海豹女。她们在水下以海豹的形态生活，但也能脱下海豹皮，像人一样在陆地上行走。妇人教农夫如何设下陷阱，以捉住海豹女并占为己有。

第二年仲夏夜，农夫知道海豹女会再次出现，便躲起来等她们。他看着少女们浮出海面，褪去灰色的海豹皮。机会来了。农夫从暗处冲出来，抓起了其中一张海豹皮，并藏了起来。少女们吓坏了，纷纷去找自己的皮。有两名少女滑进了海中，第三名少女却始终在沮丧地寻找。姐妹们在浪涛间呼唤她，可剩下的这名少女只能独自站在海岸上，赤身裸体地发着抖，遥望着海面。农夫走到少女身边，轻轻地为她披上自己的外套，把她领回了那间小小的农舍。他许诺自己会做一个温柔的好丈夫。

从那天起，他们就成了夫妻，生活在一起。农夫遵守了承诺。他努力工作，供养着小小的新家。他听从那位智慧妇人的建议，小心地把海豹皮藏到一块松动的砖头后面，每年悄悄拿出来一次，给它上油，细心地保养。海豹新娘尽职尽责地为丈夫料理家事。不久,她生下了健康的孩子。每个孩子都长着和妈妈一样深情的棕色眼睛。天色朦胧时,海豹新娘时常站在海滩上,忧愁地凝望大海。她深爱着自己的孩子,可孩子们从未见过妈妈的笑脸。

有一天,最小的儿子跑到妈妈面前,问她为什么父亲要在松动的砖块后面放一张旧皮子。海豹女心中一凛,双眼焕发出光彩。她蹲下身,让儿子指给她看。一拿到海豹皮,她便给了儿子一个温暖的拥抱,然后头也不回地朝海岸跑去,再也没有回来。

《海豹新娘》这类故事的主人公都是能变换形态的美丽女子,都遭到了男性人类的绑架,充满悲伤与渴望。从心理学的角度来看,这类故事描述的是从未有机会自由选择生活的女性的遭遇。对她们来说,许下承诺就等于牺牲自由,这令她们无法忍受。于是她们渴望逃离,幻想通过逃跑能保护那脆弱的自我。

偷走海豹皮的情节通常被诠释为强迫女性顺从。确实可以从这个角度来理解。为了迎合传统观念对妻子和母亲的期望,女性往往会被迫切除一部分自我,即灵魂深处的野性。不过按照这个思路,这个困境就等于无解。女性丧失自由是无法避免且无可挽回的悲剧。如果这种解读就是全部的真相,那么母亲之旅不仅无法带来成长,还会成为阻碍。不幸的是,我相信对有些人来说的确如此。一方面,我们要维护自身的需求和欲望;另一方面,我们又必须为大局做出牺牲。维持两者的平衡需要我们具备复原力和创造力。伴侣、家人、工作场所和社会规范能否带来帮助也会让情况大为不同。

## 牺牲的好处

此外，还可以有一种解读。在成长过程中，一个关键的发展任务就是牺牲拥有无限可能的青春，换取固定不变的有限的成年。当我们还年轻，尚未对伴侣、孩子或职业做出任何严肃承诺的时候，从理论上说，我们拥有无限可能。但是一旦到了某个节点，我们就必须牺牲这无限的可能，去换取真实的生活。对我们中的大多数人来说，成为母亲往往就是直面这种牺牲的时刻，而海豹新娘就是在这个发展节点上遇到了困难。

只要做出牺牲，我们就能得到改变，就能获得连自己都意想不到的成长。但如果不能做出必要的牺牲，我们也许就会成为那种外表已经成年，却紧抓青春不愿放手的、长不大的女孩。在心灵世界，若不让某样东西死，你就无法充分地活。

为了在独属于你的人生里牢牢扎下根，你必须牺牲无限的可能，换取已显明的真实而平凡的宿命。这样做的时候，你明白了一个道理，用荣格学派分析师玛丽-路薏丝·冯·法兰兹的话来说，"只有被钉住，才能完全地进入时间和空间，成为独一无二的那个存在"①。为了拥抱成熟，你必须做出牺牲。

拥有海豹皮就意味着随时能返回大海。它也许代表了年轻女性一个重要的人生阶段——可以无拘无束地进行各种尝试，只为自己而活。可到了某个时候，我们就应该把皮移走，以为新生活腾出空间。新生活要求我们为更高的目标服务，无论这个目标是亲密关系、事业，还是照顾孩子。如果我们要不惜代价地紧抓青春不放，海豹皮的失窃就

---

① Marie-Louise von Franz, *Puer Aeternus* (Boston: Sigo Press, 1981), 2.

会变成可怕的入侵，但其实它可以是成长的契机。

从心理学的角度来看，想拴住海豹妻子、让她维持女性形态不变的农夫就是一种内在能量（假设故事中的每个角色都代表单一心灵的一部分）。对具有海豹女心理的人来说，农夫代表的是想安于平凡生活的那部分人格。既然设定为农夫，那就说明这部分人格是和土地相关的，是接地气的，它和滑溜溜、湿漉漉的海豹截然不同。这个角度的解读为我们保留了故事元素神奇的两面性。农夫的能量是一种压迫吗？他有没有可能也是一种积极务实的冲动，能帮助我们走向通往新生活和成长的道路呢？

## 失去外皮

从这个角度来看，故事说的便是海豹女踏上陆地，遇见成长的契机，可最终没能成功。故事在开头便暗示我们，由于海豹女的自我感太薄弱，她根本无法完成转变。海豹女既没有名字，也没有独特的身份。农夫抓取海豹皮时并未加以挑选，他没有对特定个体产生感情。女主人公和其他海豹女没有区别。即使在陆地上生活了多年，她也没有整合出自己的个性。一旦把她拴在陆地上的那份留恋消失，无意识的大海就能轻易地将她收回。

显现出这种模式的女性可能从来没有得到过发展自己独特品位与偏好的机会。她也许没有牢固的自我感，也许在心理上还没有和父母分离。在成长过程中，海豹女没有权利表达失望或不快。要知道，即使表达出不同意见或表现出不愉快，我们也同样能得到爱和接纳，一旦缺乏这种认知，我们就无法了解真正的自己，无法明白自己真正在乎什么。与爱人发生冲突或对他们生气会给我们带来不适，让我们难以承受。因此，我们会选择顺从他人专横的愿望、需要和请求，因为我们没有能力说"不"，无法为自己的需求作主。在这种毫无防御、极其脆弱的状态下，他人能轻而易举地夺走我们的自我，即偷走代表我们脆弱身份的那层外皮。

康斯坦丝从未得到过这方面的帮助，她不知道该如何感知和维护内心真实的感受。她性格内向，直觉敏锐，她发现自己不知道该怎样与人交往，包括亲朋好友，甚至营业员，除非她去顺应别人的需求，想办法满足他们。可想而知，这种生活方式有多么艰难。康斯坦丝发现，只有独处时她才能做回自己。只要和别人待在一起，她就得一直做"好人"，不断变换状态以迎合他人的期待，这无异于耗费大量时间剥除本性。因此，她变得愈加枯竭和抑郁。

如果你不知道自己的需求是什么，或者认为自己没资格表达需求，那么你很可能会被对你提要求的人俘虏。遇见查尔斯后，康斯坦丝始终在不自觉地顺应对方的需求和喜好，无暇去思考自己对查尔斯的感受。于是，康斯坦丝还没来得及尝试生活的其他可能，没来得及完全认识自己以做出有意识的选择，就被"劫持"进了这段亲密关系。

海豹女的母亲往往是自恋型母亲。她们需要女儿来映照她们，并照顾她们的情绪。演员波姬·小丝就是海豹女。她写过自己和母亲特丽复杂的关系。特丽严密地保护女儿，同时也跟她纠缠不清。在关于母亲的回忆录中，波姬·小丝列举了自己如何以不同的形式给予脆弱且酗酒的特丽情感上的关爱。在其中一个事例中，波姬·小丝说到了自己和大学男友共度的初夜。那是一个艰难的过程，因为在她看来，性行为等同于和母亲分离。同时，由于对自己的需求缺乏清晰的认知，她无法捕捉自己真实的意愿，不确定该不该把处子之身献给男友。母亲的阴影大面积笼罩着波姬·小丝的心灵。"即使妈妈不在旁边，我也觉得她好像在看。"她写道。①

像康斯坦丝和波姬·小丝这样的人，她们曾被迫满足父母的情感需要，也因此被迫丢弃了感受自己真实意愿的能力，失去甚至从未得到过自我归属感。具有海豹女心理的人无法主动做出承诺。她不归自己所有，所以无法把自己献给任何人和事，因此，像结婚或生孩子这样的承诺就会变成强制拘禁。这样的女性一旦有了孩子，她的母亲之旅会变成一场选择权丧失的灾难，她会被困在并非自主选择的、一成不变的生活里。

## 临时承诺

塞在松动砖块后的海豹皮代表的是临时承诺，是尚未完全割断的与旧生活的维系。心灵中的农夫保养和维护着这个隐秘的、联结着无忧无虑的旧日时光的部分——这个譬喻是在说，心灵对新生活许下承诺时往往充满踌躇和犹疑。动物新娘（或新郎）的故事是世界各地常见的题旨。在有些故事里，实施捕捉的人类必须马上烧掉新娘的动物皮。这听起来虽然带有暴力和强迫的色彩，但往往这类故事能拥有大团圆的结局。焚烧是完全的化学变化，能把一种物质变成完全不同的另一种物质。因此，从心理学的角度来看，这类皮被烧掉的故事可以理解为主人公与新的（人类）身份完成了彻底的融合。能变换形态的

---

① Brooke Shields, *There Was a Little Girl: The Real Story of My Mother and Me* (New York: Dutton, 2014), 221.

动物完成了真正的转化。旧生命已献祭于转化之火，因此新生命得到了完全的实现与接纳。

和海豹女一样，康斯坦丝从未对婚姻许下完全的承诺。夫妻关系日益紧张，"离开"的念头也始终在她心头萦绕，就像藏在砖块后的海豹皮。她不愿扔掉这张皮。有好几次，矛盾升级到了要去寻求婚姻咨询帮助的地步，可每次犹豫不前的都是康斯坦丝。我们探寻了背后的原因，最终得出这样的结论：对婚姻做出这等程度的承诺，即真正尝试去解决危害二人关系的问题，会对康斯坦丝造成威胁。那样做相当于烧掉海豹皮，切断她的退路，让她再也无法逃回大海。只有留存离开的念头，康斯坦丝才能更好地忍受眼下的处境。

## 海豹女的隐性好处

身为海豹女也有隐性的好处。和故事女主人公一样，缺乏自我认知的女性会成为变形者。她们会去感知需求，然后在不同形态间切换。男性尤其容易被这种特质吸引。他们会把渴望的特质投射到海豹女身上，对方会不自觉地顺从，反映出他们的投射。海豹女会保持敞开的状态，愿意变成周围人想要的任何模样，因此她永远不必面对有限感，那是整合过的、固定而持久的自我感一定会带来的一个结果。她可以保持流动的状态，随时可以返回象征着无限可能的大海。

海豹女可以是"永远长不大的女孩"，荣格将这一原型命名为"永恒少女"（puella）。这类女性能超越现实，即使年岁增长也能享受年轻的生活。那样的生活的确让人心潮澎湃，但也伴随着代价。第一次咨询时，朱莉四十岁，但她穿的短裙、过膝靴和蕾丝上衣似乎更适合只有她岁数一半的姑娘。这位娇小、漂亮、文雅的女性在咨询过程中坦承，自己从未甘心于和彼得的这段婚姻。他很可靠，但也相当无趣。结婚时两人都是二十三岁，但现在，他们已经很多年没有肉体的亲密接触了。取而代之的是，朱莉会去追逐刺激的婚外情，又往往因对方拒绝给出承诺而失望。没有来自情人的承诺，朱莉就没办法放弃婚姻带来的安定感。她认为还没必要结束无限的可能，因而坚持保留所有选项，以小女孩的方式生活。她喜欢深夜出游，喜欢新情人带来的欢乐与刺激，但她没有改变和成长。

允许自己放弃自由，接纳平凡的命运，就像一出跌落云端的小型悲剧。只要心里存着逃离的梦，康斯坦丝就保留着无限可能的幻觉。只要想到必须对当前的生活做出真正的承诺，她就会被幽闭恐惧症般的恐慌压垮。那样做意味着要去接纳人生的局限和缺陷，接纳和理想存在差距的自己，但是也意味着她能变得真实，尽管不甚完美。

向母亲之旅许下承诺，对波姬·小丝来说也很成问题。她勇敢地记录了自己的产后抑郁，详细讲述了女儿出生之后她所体验到的崩溃。由于波姬·小丝从小到大一直在照顾母亲，在顺从她的选择，因此当照顾婴儿的需求出现时，她一下子就垮了。她这辈子都在被迫对酗酒的母亲负责，现在，这个新来的小生命也要求她来负责，她当然会感觉被吞噬，会充满恨意。

海豹女梦想逃离。波姬·小丝的逃离幻梦就是海豹女心理的典型体现。她承认，她会"特意去幻想自己永远消失的场景"[1]。母亲轻易便抛下了孩子是《海豹新娘》中最惊人的情节。由此可以看出，尽管

---

[1] Brooke Shields, *Down Came the Rain: My Journey through Postpartum Depression* (New York: Hyperion, 2005), 91.

在陆地上生活了那么长时间，海豹女却始终渴望回归大海。她一直在等待这样的机会。这让我们心酸地意识到，她从未完全与家庭建立起联结。

逃离孩子，逃离承诺，逃离处所，若我们没有整合出稳固的自我感，逃离似乎就是一剂神奇的解药。在儿子出生后艰难的第一年，康斯坦丝感觉自己在情感上遭到了丈夫的遗弃，随之陷入了绝望的沉默。她想跟丈夫有更和谐的关系，但表达这一需求对康斯坦丝来说太可怕了，还不如硬扛。她左右为难，一方面在亲密关系中感到孤独和悲伤，另一方面又害怕维护自己的立场可能带来冲突。康斯坦丝发现，除了逃跑，没有更好的解决方案。她幻想抛下丈夫和孩子，独自去西部生活。面对自身的窘境，逃跑似乎是唯一可能的解答。她想不出有什么方法能让她既维持这段婚姻，又忠于刚露出尖尖角的真实自我。

归根结底，《海豹新娘》是关于启蒙失败的故事。故事中的母亲面临艰难的考验：她要在真实自我的土壤中扎根，与内在的农夫能量融合，可她不知道该如何去做。植物无法在贫瘠的土地上扎下深根，海豹女也很容易被水冲走，一阵微风就能把她掀翻。回到海洋，恢复海豹的形态，说明她的自我意识变得更加薄弱，面目变得更为模糊。海豹女在故事末尾没有改变，她原封不动地回到了最初的样子。从这层意义上来看，海豹女和《两只匣子》中下到井里的懒惰女儿十分相似。她没能做出转化与成长所需的牺牲。

如果人生的任务是成长为注定的模样，那海豹女的任务可谓相当艰巨。不过母亲之旅为海豹女带来了新的契机，让她能看到自己真正重视什么。它可以作为催化剂，帮助海豹女加速与父母的分离，开始了解真实的自己。母亲之旅能让海豹女区分自己和他人的需求，坚定自己的立场，对自己许下承诺。

那么，如果我们能够迎接挑战，完成所需的转化，带着财宝回归，那会是一幅怎样的图景？为回答这个问题，我们要再读一则有关变形少女的童话。

## 天鹅少女

从前有一位猎人。一天傍晚，他来到湖边。突然，他看到七只天鹅落到湖面上。天鹅们陆续游向湖岸，走出水面，脱下身上的天鹅羽衣，变成了美丽的少女，其中年纪最小的那个最美。猎人看得入了迷，但头脑依然很清醒。他放轻脚步，小心翼翼地靠过去，一把抓起最小的那件羽衣，它属于最年幼的天鹅少女。少女们受到惊吓，纷纷披上天鹅羽衣往天空飞去，只有最小的那个独自蜷成一团，努力遮住自己赤裸的身体。猎人为她披上斗篷，然后把她带回了家。少女便成了他的妻子。

夫妻俩和睦相伴了许多年。他们生了两个孩子，一个男孩和一个女孩。母亲全心全意地爱着他们。有一天，孩子们正在玩捉迷藏，女孩发现阁楼角落里塞着一件灰扑扑的羽毛长袍。出于好奇，女孩把长袍拿给母亲看。母亲抓住女孩的肩膀，望向她的眼睛。"跟你们的父亲说，想再见到我，就去太阳东边、月亮西边的王国找我吧。"说完，她便披上羽毛长袍飞走了。

猎人回家后听说了一切。他立刻出发，踏上了漫漫征途。为找到那个遥远的地方，他寻求了许多帮助，问过野兽国王、鸟国王和鱼国王。在路上，他遇到一对吵架的兄弟，两人请他帮忙解决遗产纠纷，这份遗产包括戴上就能隐身的魔法帽子和能去任何地方的魔法鞋。猎人骗了两兄弟，把东西据为己有。凭借这两样宝贝，猎人终于来到了一个叫水晶山的地方，妻子就在里面。

猎人求见水晶山国王，说自己是国王小女儿的丈夫，想带妻子回家。国王说："如果你能从姐妹里认出她来，我就相信你说的是真话。"

国王叫来了七个女儿。她们站到猎人面前，都穿着羽毛长袍，看上去一模一样，如同七只没有区别的天鹅。

可猎人没有灰心丧气。"只要看看她们的手，我就知道哪个是我的妻子。"猎人心想。妻子曾为孩子们缝制小衣服，所以右手食指上有长期捏针留下的印痕。猎人拿起每位天鹅少女的手查看，果真找出了妻子。于是，水晶山国王让他们带着厚礼回家了。夫妻俩很快回到了孩子们身边，从此过上了幸福快乐的生活。

《天鹅少女》和《海豹新娘》乍看之下很相似，但我们马上就能看到它们有关键的不同。我们注意到，在大部分《海豹新娘》类型的故事中，农夫拿走海豹皮时都是随机抓取的，捉住哪位海豹女都行，因此个体身份的缺失实际上已经预言了海豹女无法整合出独特身份的失败结局。但在《天鹅少女》中，猎人认出了最年幼、最美丽的少女的羽衣，并为他的选择陈述了理由。这个情节在故事的高潮中再次出现，猎人必须又一次从天鹅少女中认出自己的妻子。所以说，天鹅少女的个体感在故事开头就已萌芽，她从一开始就被视为独一无二的特殊存在。之后，这种个体感得到发展，并在故事结尾成功完成了整合。

## 你是独特的，也是平凡的

本故事的关键便是"个体"这个概念。这不是巧合。通过特别之处认识自己是成为注定要成为的人的关键一环。为了发展出更强大的自我感，女性需要培养出偏爱和癖好以塑造自我。不是去顺应他人的需求，而是说出自己的喜恶。故事告诉我们，母亲之旅能帮我们萌生这种独属的自我感。天鹅少女的手指上有长期捏针留下的印痕，因为她曾给孩子们做衣服。在母亲之旅中，我们每天都要面临挑战，它们会在我们身上留下印痕，标志着我们成为拥有独属历史的个体。一位母亲即使死去多年，其遗骨仍可证明她生育过孩子。母亲之旅会给我们留下永恒的印记。

由此，我们看到了天鹅少女和手指印痕的重要性。天鹅少女投身平凡的命运，踏上有着无止境杂务的母亲之旅，因此，她成为独特、坚实的个体。她抛下了没有风险但也得不到成长的、拥有无限可能的场域，把握住机会，通过完全的具身化（embodiment）① 潜入了生命甜美的核心。

---

① 认知科学中的一个新兴观念，指的是心智和认知与具体的身体经验密切相关，认知以在环境中的具体的身体结构和身体活动为基础。——译者注

　　一旦得到母亲之旅的标记，天鹅少女就不再和姐妹们难以区分。在为孩子劳碌的日子里，她成为独特的自己。《两只匣子》中的善良女儿怀着正确的心态潜入深处，做出了转化所需的牺牲。同样地，天鹅少女从高高在上的天鹅坠落成了具身的妇人。尽管故事讲到一半时，天鹅少女对新生活表现出了踌躇，但到了结尾，她还是放弃了永恒青春的幻想，接纳了自身的平凡。要做到天鹅少女这样，我们就要交出激动人心但华而不实的无限可能感，换取牢牢立足于本真的体验。

　　要拥抱生活，你就要充满感激地接纳平凡的人类命运。经典童书《绒布小兔》中的皮马知道，只要卸下追求完美的自负，承认个体的平凡，我们就能收获无价之宝。

　　　　你会变成真的。这需要很长的时间。所以说，那些易断的、锋利的或是必须小心保管的家伙们可没法变成真的。一般到了成真的那一天，你的皮毛大部分会被摸秃，眼珠子会掉出来，关节会松，你会显得很寒碜。但这些根本不重要。只要能成真，你就绝不会丑陋。只有不懂的人才会那么想。[1]

　　天鹅少女手指上的印痕和皮马身上的秃块儿都很美，因为它们是通往独属旅程的誓约，是活过、爱过的印痕。

## 倾听自己

　　培养独属的自我感要求我们能倾听自己。波姬·小丝发现，母亲之旅能帮助她听见并最终听从自己的本能、直觉和观点。她得以将自

---

[1]　Margery Williams, *The Velveteen Rabbit* (New York: Doubleday, 1991), 5 – 6.

己和母亲区分，听见自身真实的欲望。

> 我耗费了很长时间，经历了很多痛苦的试炼，犯了很多错，才终于在情感上与母亲分离，对自己的信念有了自信……大学期间，通过开动脑筋，我体验到了自主的滋味，不过仅限于学业。很久以后，我才逐渐形成自己的观点，并能够依据我的创造性直觉进行表达。母亲之旅令我的自信与日俱增，促进了这一成长。
>
> 生了罗恩以后，我的内在声音变得更加清晰可闻。我惊觉，跟母亲或其他人观点不同并不代表我就是错的。关于养育小孩，我可以说是一窍不通，但这回我要追随我的本能。这事不可能一夜之间发生。起初由于身陷抑郁，我甚至找不到自己的本能，但最终，我心里浮现出坚实的信念和观点。[1]

一旦我们能倾听自己的价值观与偏好，我们就能更好地对它们做出有意识的承诺。然而，正如波姬·小丝所说，这个过程需要时间，并且很可能包含倒退。

和海豹新娘一样，天鹅少女起初也无法对陆地生活许下完全的承诺。表面上，她对眼下的生活心满意足，但在她心灵的阁楼里依然悬挂着被遗忘的未竟之事，直到成长中的女儿将冲突唤醒。事情往往就是这样。当我们的孩子，尤其是女儿，成长到某个阶段时，当她们面临的挑战恰好跟我们的未竟之事重合时，过去的问题就会被唤醒。挂在阁楼里的羽毛长袍代表的正是我们心中或大或小的对命运的不甘。我们都藏有少许飞离既定轨道的冲动，梦想着逃离平凡，可这样一来，我们就无法对自己和生活许下完全的承诺。

---

[1] Shields, *Down Came the Rain*, 156 – 57.

在我十一二岁，神奇而危险的青春期刚刚开启的时候，我交过一个重要的朋友。塞琳是我的邻居，她的父母都是法国人，讲起话来有迷人的法国口音。塞琳的一切都令我着迷——妈妈优雅的着装、欧洲滑雪假期、令人垂涎的零食，还有家里不俗的装修。我妈妈看不惯这种欧洲式的精致，更看不惯我亦步亦趋的态度。我记得每次从塞琳家回来，妈妈都会尖刻地指出我在学她说话。

归根结底，我和塞琳的友情不过是我单方面的向往，渴望融入那个华丽又高雅的圈子。我的这种渴望有很深的渊源。我的母亲是一个佐治亚州的农场姑娘，住在康涅狄格州郊区①时常让她感觉格格不入。

很快，我的女儿也到了我和塞琳交朋友时的年龄，她也和住在街角的一个女孩建立了美妙的友情。奥利维娅只比我女儿大一点点，却世故成熟得多。她的父母都是作家，父亲是教授兼诗人，母亲写过一本口碑很好的传记。奥利维娅的母亲娇小而时髦，随手披上一件稀奇古怪的外套都能显得自在又有魅力。他们家用作装饰的收藏品品位独特。兴之所至，他们还会组织派对，受邀参加的都是城里的各路艺术家、学者和知识分子。能位列其中，我深感荣幸。

奥利维娅迷人、聪颖、有创造力。在社交群体中，她总能一呼百应。我女儿立刻被她吸引了。两人在游戏中共同营造出想象的王国。说实话，和多年前的塞琳家一样，这家人也让我有些着迷。我乐于看到女儿沉迷于这段新友情，有时还会允许她在奥利维娅家待上好几个小时。和我的母亲不同，我没有遏制女儿模仿奥利维娅的倾向，甚至还间接给予了鼓励。模仿别人会带来微妙的压力，我却让女儿毫无防

---

① 康涅狄格州是全美消费水平位居前列的州，与邻近的纽约州不相上下。其郊区更是豪宅聚集地，很多在纽约州工作的富豪都会在此地购置豪华房产。——译者注

备地暴露其中。等到从奥利维娅家回来的女儿逐渐变得阴郁沉默时，我才意识到出事了，开始补救。

女儿和奥利维娅的友情唤醒了我过去这段未竟之事。不够格的滋味，渴望成为跟自己不同的人，这些心结就像天鹅少女的羽衣，多年来一直被仔细地塞进角落，从未彻底得到解决。因此，我很容易让自己，也让女儿沉溺于这类渴望。仿佛那样我就能飞走，能暂时逃离陆地，任由自己在这种镜花水月式的空想里沉醉。

和天鹅少女一样，我在自我感发展过程中也出现了暂时的倒退。那些未解决的，和归属感与被排斥感有关的痛苦再次浮现，使得我在情感上抛弃了女儿。对我来说，这是一次深刻的教训，不过我也因此得以重新梳理旧日创伤。

看着女儿低落的模样，我必须艰难地承认自己负有责任。我必须停止跻身名流的幻想，安心接纳那个较为平庸的自己，做好女儿自主感和自我感的保护者。我选择做真实的普通人，这样一来，我便回归了那个更谦卑，同时也更明智与强大的自己。

通过直面母亲之旅的挑战，海豹女也许会发现，她可以学着借由独特的个性来认识自己，逐渐区分自己的需要和他人对她的需要与期待。维护自己的立场和保护自我的能力让她有可能真心实意地向孩子、家庭或职业许下承诺。如果你发现自己有海豹女的倾向，那么对你来说，母亲之旅也许就像失去自由的拘禁，但它也能成为契机，让你获得独特的平凡，成为注定要成为的那个人。如果一切顺利，海豹女会变成天鹅少女。她们将迎接挑战，在这个过程中完成转变，成为最真实的自己。

# 思考题

**Q1** 海豹女和天鹅女都在不设防的脆弱时刻被偷走了皮。你的重要部分被夺走过吗？你有没有因此感觉被困住？

**Q2** 你偷走过自己的皮吗？比如违心地投身于某件让你不舒服的事，或者成为某样东西——一个念头、一种角色、一个人或一份工作的俘虏？若是如此，这样被俘虏有没有隐性好处？为什么说它能带来成长，使心灵变得健全？

**Q3** 哪部分的你像海豹女——无忧无虑，在不同面貌间流动？哪部分的你像农夫——稳定，脚踏实地，也许稍嫌无聊和古板？

**Q4** 你将哪个秘密部分藏进了松动的砖块后，或塞进了心灵的阁楼里？哪个心结让你始终牵绊于过往，无法投入当下的生活？

**Q5** 你曾以什么方式对人生许下临时承诺？

**Q6** 猎人必须大费周章、历尽千辛万苦才能找回妻子。在生活中，你是否曾历经了漫长而艰难的寻觅才找回自己？

**Q7** 最终，天鹅少女靠着照顾孩子时留下的印痕得以与姐妹们区分，回到了陆地生活。你的母亲之旅为你留下了什么印记，使你成为独特的个体？

Motherhood 第2章
## 失去控制

对孩子的精神世界影响最大的，莫过于父母未曾经历的生活。

——《人、艺术与文学中的精神·荣格文集（第七卷）》

  母亲之旅就像绘制一幅坛城沙画①。我们耗费漫长的时间，满怀爱意地养育孩子，从始至终都明白，用不了多久，我们就会心甘情愿地与他们道别。为了适应各个新阶段，我们费心又劳力，我们也知道，这个阶段很快会成为过往。好不容易学会照顾婴儿，孩子又成了幼儿，我们再次变得没有把握；刚习惯做青少年的家长，孩子的青春期就结束了，我们又得学着去做成年人的母亲。这样的事不断发生，我们不得不将巨大的变化和随之而来的失控感视为寻常。

---

① 一种独特的宗教艺术。僧人耗费数日甚至数月，用彩色的沙粒精心绘制出坛城，即想象中佛陀的宫殿。完成后，伴随着诵经，僧人会将精美庞大的沙画毫不犹豫地毁灭，把扫下的沙粒倾倒入河水之中。——译者注

莫妮卡是一位年近五十的职业女性，有一个十五岁的女儿。她最初来找我是因为逐渐恶化的背痛。不穷尽所有疗法，她是不会考虑动手术的。因此，她想和我探讨她的情感问题，看看是否与肉体病症存在关联。第一次咨询时，莫妮卡告诉我，她的背痛始于两年前，那时她的女儿莉莉刚满十三岁。

莫妮卡和丈夫卡尔收养了莉莉。从一开始，他们就知道莉莉是个特别的孩子。

"我和卡尔去接她时，别的宝宝都在哭叫，可莉莉没有。她很安静。卡尔第一次抱起她时，她就看着他露出了微笑。"莫妮卡解释道。

莉莉一天天长大，不断给父母带来惊喜和欢乐。很快，她就展现出自己的天赋。莉莉三岁开始认字，同年在钢琴学习上也取得了飞速的进步。莉莉也是一个高敏感儿童。大的噪声会令她情绪低落，书本或电影里的紧张情节会把她吓哭。听莫妮卡聊莉莉小时候的事，我能感觉到她的骄傲和愉悦，也能感觉到她的恐惧和护女心切。

"别人不理解养这样一个孩子有多难。"她告诉我。

莉莉读幼儿园时经常被教室里的噪声弄得崩溃，回家时往往疲惫不堪，泪眼婆娑。莫妮卡和卡尔找到园方，要求他们做些改变来帮助莉莉减轻白天的压力。园方无法满足他们的要求，于是莫妮卡辞去工作，给莉莉办理退学，开始实施家庭教育。

"我喜欢在家教莉莉！"被问及是否喜欢这一变化时，莫妮卡动情地宣告，"我们经常去图书馆。她喜欢看书。我小时候也喜欢看书。"

小学时期的莉莉在音乐和学业上始终表现优异，经常在社区和区县的钢琴比赛中拿一等奖。莫妮卡全身心投入莉莉的成长与学业中，获得了巨大的满足。被问及是否想念当年在艺术博物馆担任教育总监的职业生涯时，莫妮卡毫不犹豫地回答："没有比陪伴莉莉更吸引我的事情。"

莉莉依然是一个敏感的孩子，对新环境反应强烈。莫妮卡认为，保护莉莉远离外界威胁是理所应当的。于是，当怕水的莉莉在第一堂游泳课上哇哇大哭时，莫妮卡把她从池子里拉了出来。"这样不对！"游泳教练追着她喊，"你得让她明白她可以战胜恐惧！"莫妮卡对此相当愤慨，即使十年后提起，她依然气得满脸通红。

"莉莉已经不行了，都歇斯底里了，那个女人竟然还要她留在池子里！"许多年过去了，莉莉始终没有学会游泳。

莉莉十二岁时，米歇尔一家搬了过来。

"一开始我还挺高兴，想着莉莉能有个住在附近的朋友，"莫妮卡说，"她在家上学，总是比较寂寞。"可没过多久，莉莉便开始每个下午和周末都往米歇尔家跑。莫妮卡也发现了一些令人担心的行为。

"米歇尔比莉莉大了将近一岁，"莫妮卡解释道，"她在镇上的公立中学读书。大家都知道，那所学校里全是问题少年。"

莉莉开始模仿米歇尔的非主流打扮，从二手店买衣服，不肯穿一直以来莫妮卡偏爱的淑女装。米歇尔打了鼻环。但莫妮卡和卡尔告诉莉莉，这种事他们无论如何都不会允许，莉莉因此变得很阴郁。她的其他行为也发生了变化。她不练琴了，跟父母说她想放弃。她对阅读和学业失去了兴趣，成天泡在电脑上。

"我们非常担心米歇尔把莉莉带坏，"莫妮卡告诉我，"不过最糟的是，我觉得自己好像失去她了。我和她一直那么亲密无间，可那段时间，她对我的态度很不屑——就像在恨我。"

## 寻求平安

莫妮卡无法忍受莉莉经历痛苦或不快。随着对莫妮卡的进一步了解，我听到了她言语背后的焦虑。如我所料，莫妮卡在成长过程中吃了很多苦。她的家庭生活十分混乱。父亲重度酗酒，母亲被六个孩子压得喘不过气。身为长女，莫妮卡感觉有义务保护手足免受醉酒后暴怒父亲的伤害。

通过竭力掌控生活的方方面面，莫妮卡控制住了童年时期的混乱感与焦虑感。她成为一名优秀的学生，在学校多次获得奖励。成年之后，她继续贯彻这一生存之道，用精益求精、强迫症似的工作来遏制心中的混乱与恐惧。然而，当她踏上母亲之旅时，这一策略却宣告失效了。在养育婴儿时，控制全局是极其困难的。莉莉生长发育的各个方面都让莫妮卡焦虑。辞职后的她失去了可以通过努力取得成就感的领域，于是做完美的家长，保护莉莉并让她永远快乐就成了莫妮卡的头等大事。

莉莉进入青春期之后，莫妮卡自然再也无法为她规避所有伤害、危险和负面影响。如此一来，童年阴影便再度浮现。莫妮卡回忆起被危险和失控裹挟的可怕滋味。她始终在压制这些情绪和过往，从未正视和接纳过它们。青春期的莉莉陷入了焦虑的深渊，这让莫妮卡的心结又一次强烈地重现。

实际上，莫妮卡控制焦虑的对策几乎是无效的。她的确工作出色、婚姻稳固，但由于这一对策要求避开所有风险和弱点，所以它实际上会让人走向麻木。为避免崩溃，莫妮卡有很多事都没有尝试过。她最出名的特点是只要感觉受到威胁或质疑，就会立即跟人绝交。她用信仰里的戒律作为标准来判断想法和体验是否可行。她的焦虑也直接限制了她的生活。她有开车恐惧症，只开车去少数几个固定地点。尽管她住的地方离文化艺术活动丰富的市中心只有三十分钟车程，但她从未去过那里。疼痛的背部就是这一对策在她身上课的税，也是她前来咨询的原因。

因此，尽管表面上莫妮卡把生活安排得井井有条，可实际上，她的心灵成长已经停滞了很长时间。回避型对策抑制了她的生命，与此同时，她的焦虑和控制也让需要走向独立的莉莉陷入停滞。

这是一种童话和神话里经常出现的精神状态。女神德墨忒尔（Demeter）青春期的女儿被冥王哈迪斯（Hades）劫去了冥府。女神心烦意乱，终日徘徊于荒野。最后，悲痛欲绝又筋疲力尽的德墨忒尔乔装成寻常老妇，坐到了小镇厄琉息斯的一口井旁。几位当地年轻女子走过来与她攀谈，请她给婴儿当保姆。

## 德墨忒尔与珀耳塞福涅

和许多失去孩子的女人一样，德墨忒尔通过照顾婴儿来减轻伤痛。为抚平失去第一个孩子的悲伤，德墨忒尔试图掌控所照看婴儿的命运。神话随后告诉我们，德墨忒尔白天喂孩子吃安布罗西亚 ①，夜里则把他

---

① 希腊神话中神祇的食物，也有人认为就是蜂蜜。——译者注

当成木柴，放到火里去烧。如果德墨忒尔能一直这样做，孩子就会和天神一样获得永生。可不幸的是，一天夜里，孩子的母亲闯了进来。看见儿子身处阴燃的火堆，她惊声尖叫。

刹那间，德墨忒尔显出了光彩夺目的女神本相。她斥责孩子母亲的无知，说她犯了可怕的错误，因为现在让孩子"不老不死"的仪式已无法完成了。接着，德墨忒尔离开宫殿，独坐在为她建造的神庙之中。在那里，她命令永恒的冬季降临大地，不允许种子发芽，好让人类陷入饥荒，也没有贡品献祭天神。听闻此事，宙斯派信使来到人间，恳求德墨忒尔收回成命。女神拒绝说和，声称除非见到女儿，否则人间将颗粒无收。最终，宙斯屈服了。信使被遣往冥府要求归还珀耳塞福涅（Persephone）。女儿失而复得，德墨忒尔欣喜若狂。不过珀耳塞福涅每年都必须回冥府一段时间，当冥府的王后。

孩子不见了，为了抚平伤痛，德墨忒尔便想让自己照看的人间小男孩"不老不死"。我猜每位母亲对自己的孩子都多少存着一点这样的愿望。不死就解决了我们对孩子人身安全的担忧，那得少操多少心呀！如果孩子不会变老，我们就永远不必担心他们长大，变成一个注定会改变、会离开我们、会受苦的普通成年人。

当我的女儿还是小婴儿的时候，我家隔壁住着一位可爱的老太太玛丽。她的丈夫刚刚因胰腺癌过世。每次聊到丈夫，玛丽总是双眼含泪。他们没有孩子，不过每隔几周会有一个侄女来探望他们。尽管玛丽性格开朗，随遇而安，但显然她十分孤独。在她生命的最后几年里，我能清楚地看到深陷悲伤与孤独的玛丽身心都变得十分脆弱。我被深深地触动了。抱着亲爱的小女儿，我的心中涌现出沉重的悲伤，因为我想到，也许在多年后的某一天，女儿也会失去所有亲人，孤身留在这世上，而我早就死了，再也不能给她带来安慰。我真希望有一种魔法，能保证我的孩子永远健康快乐。

小男孩事件之后，德墨忒尔彻底陷入悲伤，令作物枯萎。这个情节安排得很合理。好像只要投身于让小男孩变得完美、无恙和不老不死的计划，女神就能免于悲伤。当然，计划注定会失败。谁也无法保护孩子躲开宿命。实际上，根本就不该有这种愿望。那晚，母亲的闯入打乱了计划，德墨忒尔再也无法把男孩放入火中。这貌似是错误和悲剧，可其实这才合乎自然。母亲保住了小男孩长大成人的机会，让他能拥有正常的生活，能体验所有的欢乐、心痛和失望，这才是我们人类该有的命运。

莫妮卡同样有保护莉莉不被俗世污染的执念。"我想让她保持完美，就像第一天从孤儿院被接回来时那样。"她告诉我。和德墨忒尔一样，无论是莉莉的成长，还是她自己遭到背叛的童年，莫妮卡都没能切实地体验到它们所带来的失落与悲伤，直到她被迫放弃了"永生"的计划。

我这份工作的好处就是能听到不同个体总结出的人生智慧。我的一位女性来访者有三个已成年的儿子，她跟我分享过一个惊人的念头。她的儿子们在刚成年时，曾做过一些相当大胆和危险的事，比如骑摩托车横穿美国、报名参军、加入战斗等。我想知道：她是怎样忍受心中的恐惧的？没等我开口询问，她便给了我回答："我知道这些事很危险。但是我逐渐接受了他们可能会死的事实。我知道，即使他们死了，也是死于他们真正在乎的事情。"她的儿子们对生活许下了承诺。他们要过的是自己能想到的最充实、最好的生活。投入地去生活，就必须承担风险。对我的这位来访母亲而言，比起虚无缥缈的安全保障，她更希望孩子们拥有充实的人生。

## 妨碍成长

在关于做母亲的回忆录《身处其中》里，作家米歇尔·赫尔曼（Michelle Herman）既探讨了自己母亲的缺席，也谈到了她本人怎样极力给予女儿自己没得到的东西。赫尔曼的母亲身陷抑郁，情感无能。赫尔曼的女儿出生时，赫尔曼的育儿思想十分明确：满足孩子的全部需要。赫尔曼写道："回头想想，那些原则发展到后来，虽然不足十项，但几乎成了完美母亲十诫：时刻待命，时刻留神，观看倾听，使孩子免受饥饿、缺乏、悲伤、孤独和挫败的伤害。这谁能挑得出错来？"[1]

和德墨忒尔与莫妮卡一样，赫尔曼也致力于保护孩子免受一切痛苦和不适。但是，由于我们无法容忍孩子遭受不适，因此孩子便会认为不适是不能忍受的。这就把他们囚禁在了恐惧里，限制了他们的发展。赫尔曼的女儿格蕾丝很小便患上了焦虑症，最终在六岁那年发展至最高峰，出现了导致神经衰弱的强迫症。

如果我们被自身的焦虑支配，就会让孩子认为离开我们并不安全。如果我们和德墨忒尔一样，对这部分自我举手投降，希望一切保持不变，孩子永不长大，不要去拥抱他们的宿命，那么，我们的恐惧就会困住我们的孩子，把他们和我们一起关进可怕且狭小的世界。"你不在身边，我就活不下去。"九岁的格蕾丝惊恐地告诉妈妈，当时妈妈正送

---

[1] Michelle Herman, *The Middle of Everything: Memoirs of Motherhood* (Lincoln: University of Nebraska Press, 2005), 153.

她去参加夏令营。①

在专家的帮助下，赫尔曼鼓励女儿和她分离——分床睡，独自去朋友家玩，独自参加生日派对。格蕾丝康复了，赫尔曼也得以看到自己对格蕾丝的分离困难负有责任。

"我让她陷入了泥潭，只因我也身处其中。"②赫尔曼说，怀孕让她克服了挥之不去的孤独感，"当我第一次抱起孩子的时候，我体验到的不仅是孤独感的消失，更是与另一个人的完美联结。我可不会让这种感觉溜走。"③

由于一心想留住女儿逐渐过去的婴儿期，赫尔曼没能在成长与自性化的道路上继续前进。无独有偶，莫妮卡也没能成长和发展。紧抓女儿不放令赫尔曼无法直面童年创伤带来的痛楚。把孩子抓得太紧不但阻碍了我们自身的成长，也阻碍了孩子的成长。对未来的恐惧、明知当下会迅速成为过往却仍紧抓不放的执念，都会让我们无法动弹。只要抗拒各种失去，我们就是在浪费人生，在拼命挽留本该心甘情愿任其从指间流走的东西。

童话《玫瑰公主》运用优美的譬喻，描述了我们通过赫尔曼和莫妮卡的经历所看到的僵局。

---

① Michelle Herman, *The Middle of Everything: Memoirs of Motherhood* (Lincoln: University of Nebraska Press, 2005), 205.

② Michelle Herman, *The Middle of Everything: Memoirs of Motherhood* (Lincoln: University of Nebraska Press, 2005), 199.

③ Michelle Herman, *The Middle of Everything: Memoirs of Motherhood* (Lincoln: University of Nebraska Press, 2005), 200.

启蒙故事 Enlightenment

## 玫瑰公主 ————————————————

从前，有一位国王和一位王后，他们很悲伤，因为他们没有孩子。不过最后，王后终于生了一个小女孩。他们决定举办盛大的庆典，邀请全国的仙女参加。可仙女有十三位，金盘子却只有十二只，所以有一位仙女没有得到邀请。

仪式结束后，仙女们依次上前为小公主献礼，礼物包括美德、美貌、平和等世间所有的美好。就在第十一位仙女送完礼物时，第十三位仙女走了进来。这位被忽视的仙女十分恼火，她喊道："因为你们没有邀请我，所以你们的女儿将在十五岁那年被纺锤刺伤，然后死去。"

众人吓得说不出话。这时，第十二位仙女走了出来。"我不能撤销这个诅咒，"她说，"但可以削弱它的力量。你们的女儿不会死，她会沉睡一百年。"为保护爱女，国王下令毁掉了全国所有的纺锤。

长大后的公主貌美如花，人见人爱。这天是她满十五岁的日子。国王和王后都出去了，城堡里只剩她一个人。她随心所欲地穿梭游荡，最后来到了一座老旧的塔楼前。公主拾级而上，发现尽头处有一扇小门。轻轻一碰，门便开了，里面坐着一个老妇人，正在纺线。公主像着了魔似的走到老妇人身边，出神地看着她纺线。没看一会儿，公主便说她也想试试。可她刚拿起纺锤就被刺到了，接着便陷入了沉睡。

　　睡意在整座城堡里蔓延。国王和王后刚到家，就立刻
与随从一起倒在大厅里睡着了。厨子和仆人睡着了。狗窝
里的狗、马厩里的马、猪圈里的猪，还有墙上的苍蝇也睡
着了。壁炉里的火熄灭了，就连风也停了。

　　就在城堡和城堡里的居民入睡时，城堡周围长出了一
片浓密的尖刺篱笆。一年年过去，篱笆越长越密，最后城
堡被完全包住，消失在了人们的视野之中。传说流传开来，
美丽的玫瑰公主在城堡里熟睡，等待被拯救。这些年，一
直有青年试图穿过浓密的篱笆，可他们最后都被尖刺扎穿，
悲惨地死去。

　　终于，一百年过去了。一位王子从此地路过，从老人
嘴里听到了关于玫瑰公主的传说。他决心一定要穿过尖刺
篱笆，亲眼看看这位玫瑰公主。王子不顾老人的劝阻，执
意要进行这场冒险。当他走到篱笆前时，尖刺中竟开出了
馥郁美丽的鲜花。接着，篱笆一分为二，王子轻而易举地
走了进去。接着，篱笆又在王子身后合上。

　　王子进入城堡，看到沉睡的狗、人、猪和马，不禁大
为惊奇。四下一片寂静，只听得到沉睡者轻柔的呼吸声。
王子走进城堡，穿过沉睡的人，找了许久，终于找到了那
个塔楼中的房间。一百年前，玫瑰公主就是在这里被纺线
的老妇人所吸引的。王子看着倒在床上沉睡的公主，发现
她十分美丽，便情不自禁地俯身给了她轻柔一吻。公主立
即苏醒，微笑着望向王子。

　　王子和公主携手走下塔楼，发现城堡里的人也次第苏醒，

斑点狗伸着懒腰，打着呵欠；鸽子在屋顶扑扇着翅膀。国王和王后也醒了，拍去身上的灰尘。壁炉中的火焰再度燃起，继续烤肉。玫瑰公主嫁给王子，从此过上了幸福快乐的生活。

和玫瑰公主一样，莉莉也是父母在经历了长久的渴盼和绝望之后才终于降临的宝贵孩子。按心理学的说法，玫瑰公主的出生象征着历经悲伤、焦躁和漫长的等待后终于得到满足的欲望。虽然每个人的具体情况都有所不同，但是对很多女性而言，成为母亲就是这样一种感觉。如果一位女性基于不孕等原因一直在努力成为母亲，那么那场渴盼已久的生命降临的确可视为奇迹。

新手妈妈怀着巨大的喜悦凝望着婴儿，看到的是孩子的完美。他拥有一切可能，尚且保持着纯洁和完整。作为母亲，我们肯定会想保护他远离伤害，想守住这份纯洁与可能。从德墨忒尔的欲望中，我们可以看到这一点，她想让自己照顾的孩子变得刀枪不入、青春永驻。从国王的行为里，我们也能看到这一点，他摧毁了全国的纺锤。赫尔曼说出了这个愿望，她发誓要满足小女儿的每个需求。从卡尔与莫妮卡的态度和行为中，我们同样能看到这一点，他们希望莉莉能与一切痛苦或不适隔绝。

## 第十三位仙女

第十三位仙女代表令人不适的真实，她与理想的生活格格不入，因此我们会想躲开或忽视她。数字"十三"与黑暗、罪孽及邪恶相关。

第十三位仙女象征着我们不愿认识的那部分自我——攻击性、嫉妒心、予取予求。第十三位仙女就活在我们心里，她当然也想参与母亲之旅。吊诡的是，如果不为黑暗面备好餐位，它就很可能会给孩子带来我们着意规避的伤害。莫妮卡和卡尔极力想让莉莉的生活充满阳光，可反而把她养得敏感脆弱、易受诱惑。

与故事里的国王和王后一样，莫妮卡也想保护莉莉免受生活的启蒙所带来的伤害。毁掉所有纺锤代表拒绝哀悼，拒绝接受生活始终要向前奔涌，我们的所爱终将改变和逝去的事实。对许多人来说，青春期是告别安全的童年，走进黑暗的隧道。它有时会带来危险，而在父母眼里，几乎处处都是危险。但如果我们作为母亲给孩子筑起过高的藩篱，把生活中常见的冲突也排除在外，那么我们和孩子都会面临成长停滞的风险。心理成长的终极目标是持续不断地走向有意识。如果一味保护孩子，我们就放弃了自我成长的契机，无法令更多的自我在意识中浮现。自己也好，孩子也罢，一旦跟挑战和失去隔绝，便会停止成长。对这一点，故事表述得很清楚：玫瑰公主睡着之后，整个家族的生命都静止了。

纺线和纺锤又象征着什么呢？我从小就对故事中的这个细节感到匪夷所思。虽然我对纺锤的了解仅限于纸面，但也知道它不算特别锐利，怎么会刺伤手指呢？根据弗洛伊德学派对该故事的解读，纺锤象征的是阴茎，女孩与老妇人在塔楼的相遇则象征着初次性经验。可在我看来，纺锤拥有更深刻的象征意味。纺线和纺锤的象征意义是与女神相关的。许多文化里都有负责纺织命运的女神。我们在分析《两只匣子》时曾提到，希腊神话里的宿命之神就是三位掌管命运的女神。其中一位叫克洛托（Clotho），她负责纺织生命之线，通常被描绘为手持纺纱杆和纺锤的模样。因此，玫瑰公主探访塔楼代表的是和命运的相遇。作为母亲，我们必须为孩子们找到自身命运的那一天做好准备，即使我们会对此感到害怕。

玫瑰公主一生受到保护，被视为"特殊"的存在，因此她缺乏自主感和自我效能①，无法迎接命运。她当然会被纺线的妇人吸引，因为对方手上握有伟大且充满力量的宿命的秘密。当被刺伤后，玫瑰公主的反应是顺从地入睡。穿破她身上那层厚实多刺的防卫得花很长时间。在格林兄弟的版本中，王子是恰好在公主苏醒时吻了她，而不是用吻唤醒了公主。两件事的同时发生有很重要的理由。王子象征着女主人公身上的"王子特质"——富有冒险精神、勇敢、坚韧。陷入无意识沉睡的公主显然不具备这些特质。只有历经足够长的时间，她才能将体内的这些特质唤醒。不被允许充分发展自主感和攻击性的年轻女性常常这样。她们可能很多年都处于无意识的状态，梦游般被动地生活。大多数这样的人的内在王子特质会在某一刻苏醒，让她们得以更主动地生活。

我们可以试着培养孩子迎接命运的能力，但不能使他们躲避命运。这样的企图会让人走向停滞。莫妮卡逐渐意识到，虽然她对莉莉的担忧与害怕出于好心，但自己的生活因此受到了阻碍。她酸楚地对我说，她已经没有属于自己的梦想了。

"我从十五岁开始跑步，"她对我说，"一直以来，只要戴上耳机，穿上跑鞋，我就能进入自己的小世界。跑步的时候，我能做出最美妙的白日梦。我在少女时代的白日梦就是搬离那个疯狂的家。长大以后，我还幻想过一些好玩的场景，比如做工作报告时表现得特别神勇。没遇见卡尔时我就幻想过他的样子，在苦苦等待孩子来临的日子里，我甚至幻想

① 指人对自身能力的主观判断，主要体现在是否能完成某一行为，也可以说是能力感。——译者注

过莉莉！"说着说着，莫妮卡热泪盈眶，"那天我去跑步，"她的声音变得哽咽，"我突然意识到，这些年来，我做的白日梦都只跟莉莉有关。我幻想过她长大以后在市中心演奏钢琴，幻想过自己陪她去全国各地参加钢琴比赛。但是，这些梦没法继续了。我对自己说，跑步时还是做关于自己、关于我的人生的梦吧。可是不行，我已经没有属于自己的梦了。"

和德墨忒尔一样，莫妮卡只有先哀悼，才能将心中丰富的可能再度唤醒。她必须先对自己幻想出来的莉莉理想的未来表示哀悼，接着才能接纳女儿真实的样子。她必须先对青春的终结表示哀悼，接着才能面对人生的下半程。而其中最困难的，是对她的纯真表示哀悼，基于所受的创伤，这份纯真在她很小的时候就遭到了破坏。

## 紧抓不放

保护孩子远离痛苦、不适与挑战，会阻碍我们自己和孩子心灵的成长。除此之外，我们还有可能把他们抓得太牢，抓得太久。

年过五十的卡伦是一名离异的职业女性。她来咨询是因为二十九岁的女儿旧病复发，又开始酗酒。卡伦处理女儿的酗酒问题已有多年，可这次复发带来的打击尤为严重。

"这支舞，伊丽莎白和我跳了很久了，"第一次咨询时她对我说，"她倒下，我就及时出现扶她起来。这种模式很病态，但能奏效，我们都清楚自己该做什么。可这回，我真的没办法继续了。"

伊丽莎白因醉驾被吊销了驾驶证。这使她没法准时上班，面临失业的危机。一如既往，伊丽莎白求助于母亲。为了方便通勤，她想暂时搬回母亲家。卡伦很矛盾。一方面，如果不让伊丽莎白搬回来，她很可能会失业，而这份工作的确来之不易。但是另一方面，卡伦开始意识到，由于这些年始终在为伊丽莎白操心，她错过了多少人生。

大多数有瘾君子成员的家庭都存在这个问题，卡伦在用一种不健康的模式为伊丽莎白提供帮助。在表面上，她憎恨伊丽莎白的过度索求；但在更深的层面上，她围绕着作为伊丽莎白的支持系统这样一个角色，来构建她的生活以及自我感。卡伦的同理心和原则性都很强，她想为挣扎中的女儿做正确的事。在讨论是否该让伊丽莎白搬回来的问题时，我发现卡伦只会谈论女儿的需求。

"卡伦，"有一天我问她，"眼下这种情况，你是怎么想的？对你来说，什么是最优解？"回答之前，卡伦在椅子上挪了挪，然后说："我不希望伊丽莎白失业，那会给她带来沉重的打击，恐怕她得花很长时间才能重新振作。家里是没有多余的房间，不过可以在客厅放张床垫，反正就几个月。"

我指出，我问的是她想要什么，可她却只谈论女儿。卡伦在回答之前沉默了很久。"我根本不知道自己想要什么。"她说。

围绕这个问题，我和卡伦就她的感受进行了深入探讨。她逐渐意识到，伊丽莎白的改善和进步的确会让她感到失落。帮助伊丽莎白让卡伦的人生具有清晰的架构和意义，她因此不必面对那个重大而严肃的问题：该怎样度过她的余生。她可以借此逃避很多焦虑和抉择，比如要不要再找一个老伴儿。吊诡的是，从各个方面来说，这反而让她的人生变得简单。

"做母亲最令我难以抗拒，"卡伦对我说，"有人需要我，我的所作所为举足轻重。我知道，至少对这个人来说，我非常重要。"

卡伦决定帮助伊丽莎白康复，所需的努力也包括逐步接受她自己角色的转变。她要对养育伊丽莎白的那段时光——那段曾经深爱、如今怀念的时光表示哀悼。聊起那些日子，卡伦总会流泪。她承认，有时展望未来，她心中充满对空虚的恐惧。现在的她能够看到，在某种程度上，她之所以不断回应伊丽莎白持续的索求，是为了让自己的人生有意义。

然而，和莫妮卡一样，卡伦的人生也停滞了。多年来，她始终把生活重心放在伊丽莎白身上，为此耗费了大量精力。她早就想辞职创业，可她害怕。她承认，伊丽莎白是一个很方便的借口，可以让她允许自己不走出那一步。小时候，卡伦在西班牙住过一段时间，长大后她一直想再回去住几个月，把西班牙语练好，但也是伊丽莎白的酗酒问题使她搁置了这个念头。

日本故事《月光公主》明确指出，为了让我们继续成长，时间到了，就必须让孩子离开。

## 启蒙故事 Enlightenment

### 月光公主

林边住着樵夫和他的妻子，因为没有孩子，他们很不快乐。母亲向上天祈求孩子的到来。第二日傍晚，夫妻二人目睹一团柔光从天而降，坠入竹林。樵夫循着光的方向走去，结果在一根竹子中发现了一个美丽的小生命，周身焕发着神奇的光辉。"你是谁？"樵夫问道。那小东西如洋娃娃一般大小。

"我是月光公主，我的母亲是月之女。她把我送来当你们家的孩子，为的是让我行善积德。"樵夫把这娇贵的小人儿带回了家，妻子见之十分喜悦。她为小公主细心梳洗，从此把她当作亲生孩子来宠爱。

月光公主时常思念月母和星空中的家。尽管深爱人间的父母，但她依然盼望能在不久的将来回去。

月光公主一年年长大，出落得越来越美。她深得父母宠溺，见者无不倾慕。她的美貌很快流传开来。有一天，皇帝驾临了月光公主的小家，只为一睹美人的真容。来了如此尊贵的客人，月光公主的父母自是大喜过望。终于，月光公主端着专程为皇帝准备的点心和茶出现了。皇帝一言不发，一个劲儿地盯着她看。"我从未见过如此美貌的女子！"终于，皇帝开口了，"我要娶她回宫！"月光公主闻言一脸平静。

"这恐怕是不可能的。"她回答。

她的父母十分惊恐："天哪，女儿！万万不可对皇上说这样的话！"

皇帝愤怒地咆哮起来："你竟敢抗命？我可是皇帝！想要什么就得有什么！我命令你今晚就随我进宫！"

"我不能跟你走，"月光公主解释道，"我在人间的时日已尽。瞧！月母来接我了！"说着，月光公主指向天空，父母和皇帝看到一道闪着璀璨星辉的银白月光从天而降。

"卫兵！"皇帝吼道，"包围这间屋子！入者格杀勿论！"就在卫兵举弓射箭的瞬间，卫兵连同皇帝全变成了石头。箭矢如雨点般落向大地，一位碧玉般的美人走下光华四射的阶梯。"月母！"月光公主欣喜地喊道，两人奔向彼此，紧紧相拥。看到这一幕，月光公主人间的父母开始哭泣，因为他们知道女儿要走了。

月光公主来到父母身边，和他们深情地拥抱亲吻。"感谢爹娘的养育之恩，"她说，"小女永生不忘！"接着，她向人间的父母挥手作别，和月母登上了月光之阶。作为离别赠礼，月光公主把父母的眼泪变成了萤火虫，好让他们在每个夏夜都能记起她。

和《玫瑰公主》一样，这个故事里也有一个历经长久的期盼，终于奇迹般降临的孩子。玫瑰公主和月光公主都是备受珍视、深得宠爱与呵护的小孩。月光公主只是被"借"给这对无后的夫妻一段时间，这一情节揭示了令人心酸的育儿真相。我们也许在子宫中孕育孩子，编织出他们的模样，用血肉滋养他们，可他们从来都不真正属于我们。我们在孩子刚出生的几个月还能沉浸在与他们无限合一（oceanic unity）①的幻觉里，可这个美好的幻象最晚在幼儿期就会被击得粉碎。幼儿每天会数次提醒我们，他们是与我们有别的独立个体，其个体感萌芽最显著的表现就是一遍遍地说"不"。青春期的孩子更令人痛苦，

---

① 出自精神分析术语"oceanic feeling"，这是罗曼·罗兰在1927年给弗洛伊德的信中创造的短语，指的是一种"永恒的感觉，与整个外部世界合而为一的感觉，无穷无尽的感觉"。——译者注

他们会以否定我们的价值观甚至情感的方式反复提醒我们，他们和我们有着本质上的区别。

《月光公主》中的皇帝象征着权威与控制，可以理解为亲子关系的一个面。如果我们在做母亲的过程中自觉对孩子付出了很多，就很可能产生控制他们的想法，以防止他们离自己而去。如果这种控制欲变成一种执念，我们的人生就会变得僵硬且空洞。

## 沉入哀悼

我孩子的早期教育是在家完成的。那些年我们总是去图书馆和博物馆，总在开车旅行。我们培养晶体，养育蝴蝶，把小鸡做成木乃伊（现在还埋在后院的某个地方）。我很珍惜这些与孩子相处的时光，但每周我都会自问，这对他们来说是最好的教育吗？几年来，我得到的都是肯定的回答。可有一天，我否定了自己。那年我的儿子九岁。某天，有一个朋友随口提到了附近的一所私立学校，说他们空出了一个名额。冥冥中，我就是知道，儿子去上学的时候到了。我很难过，这同样说明，有些事该结束了。

回家以后，我问儿子想不想上学。"妈妈，"他对我说，"真高兴你提了，因为我一直在想这个事儿。"

我长舒一口气！接下来的一周我哭了很多次，当然，每次都是小心地躲起来哭。在申请入学的过程中，有时我会后悔做出这个决定。我的儿子聪明，有创造力，但有轻度的阅读障碍，这世上有哪所学校能适合他？我仍有抱紧他、保护他的冲动。有那么几天，我甚至希望他能改变主意。十一月的一个星期四，下着雨，但温暖得出奇，我邀儿子一起散步。我们一路踩着水坑，就像他小时候那样。一想到将来这样的共处会越来越少，我就心痛不已。

我特别想说服自己，说他有必要和我一起待在家里，有必要让一切维持原状。可实际上，结束家庭教育对我和儿子来说都是好事。次年，儿子开始了校园生活，他很喜欢，适应得也很好。我的职业生涯也进入了新阶段，因为我有更多时间可以用于咨询和写作。停止对自己和孩子的生活施加控制也许会令我们感到悲伤，可是我们有必要对失去进行哀悼。只有允许自己体会这份悲伤，我们才能迎来下一阶段的人生，才能唤醒新的可能与快乐。

可想而知，卡伦很难放弃控制权。她不愿放手让伊丽莎白自己面对命运。她的任务很艰难。她要继续为伊丽莎白提供合理范围内的支持，同时也要划清界限，让伊丽莎白自寻出路，让卡伦拥有自己的人生。就卡伦的情况而言，就是既要帮伊丽莎白找到某种可靠的通勤方式，又不能让她搬回来。这样做对卡伦来说十分困难。她没想到切断这条长久以来维系着母女二人的纽带会带来如此强烈的悲伤。那段时间，卡伦陷入了巨大的悲痛之中。某次咨询时，她带来了一首纪伯伦的诗《致孩子》。

> 你的孩子其实不是你的孩子。
> 这些儿女出自生命对自身的热望。
> 他们借你而来，却不源于你。
> 他们与你相伴，却不属于你。
> 可以给他们爱，但别给思想，
> 因为他们有自己的思想。

可以收容他们的身体，但别试图留住灵魂，

因为他们的灵魂居于明日之屋，

你去不了那里，即使梦中也无法企及。

你可以向他们靠近，

但莫让他们模仿你，

因为生命从不倒退，也不在昨日逗留。

你就是那张弓，你的孩子们

就是那离弦的箭。

弓箭手向着永恒遥望标靶，

以他的意志，拉弯你这弓，

好让箭飞得又快又远。

把为弓箭手折腰视作喜乐吧。

因为他爱飞出的箭，

也爱稳固的弓。①

卡伦在咨询时读了这首诗，我和她都潸然泪下。

"我想做那张稳固的弓，"她流着泪对我说，"我想让伊丽莎白飞出去。"

卡伦必须让伊丽莎白自己生活，即使那样意味着她只能眼睁睁地看着伊丽莎白做出不一样的选择，甚至看着她犯错。放开伊丽莎白是痛苦的，但这样能让卡伦转而关注自己的旅程，也但愿能让伊丽莎白飞出去。

---

① Kahlil Gibran, *The Prophet* (New York: Knopf, 1923), 17 – 18.

## 黑天鹅与控制狂王后

如果臣服于《月光公主》中皇帝象征的控制欲，事情会变得如何？2010 年上映的电影《黑天鹅》描绘的就是这样一幅黑暗的图景。影片的主人公尼娜（纳塔莉·波特曼饰演）是一位纽约市芭蕾舞团的舞者。尽管已成年，但尼娜仍和母亲埃丽卡（芭芭拉·赫尔希饰演）住在一起。电影从始至终都明确地告诉我们，这对母女处于病态的纠缠之中，两人的成长都已停滞。

影片开头，我们看到了尼娜的卧室。房间是粉色的，花里胡哨，塞满了毛绒玩具之类的装饰品，暗示着自女主人公的少女时代起，房间就再也没有重新装饰过。尼娜的首饰放在小女孩用的首饰盒里，就是那种打开以后，塑料芭蕾舞女会随着轻悠的乐声旋转起舞的盒子。我们看到埃丽卡为尼娜做早餐，往双肩背包里装零食和备用衣物。埃丽卡对待尼娜的方式是在把女儿幼儿化。接下来，影片通过埃丽卡帮尼娜脱衣服、摘耳环和剪指甲等场景进一步强调了两人的这种互动。埃丽卡的控制行为也延伸到了两个女人同住的物理空间。浴室门和尼娜的卧室门都没有锁。影片专门拍摄了这样一幕：尼娜拼命想将母亲拒之门外，但她只能用小木棍把门卡住。

完全的性成熟是孩子独立于父母的重要方式，而埃丽卡会刻意阻挠尼娜进行性方面的探索。有一幕是尼娜躺在自己的床上自慰，突然被一阵衣料摩擦声和鼾声打断。她从被子里往外窥探，发现母亲就坐在床边的椅子上熟睡。尼娜罕有地去酒吧过夜生活，回家以后醉醺醺地吹嘘自己跟两个男人发生了性关系。母亲勃然大怒，用手捂住尼娜的嘴。"你现在不是我的尼娜了！"她吼道。[1]

---

① *Black Swan*, directed by Darren Aronofsky (Century City, CA: Fox Searchlight Pictures, 2010).

影片明确指出，埃丽卡作为人的成长和发展早已停滞。她把全部心思都放在了对女儿人生的控制上，结果放弃了自己的人生。埃丽卡似乎对小时候的尼娜十分留恋，卧室墙上挂满了她给尼娜画的像，都是小女孩穿着蓬蓬裙。画这些画显然是埃丽卡的一种强迫行为，因为她总是一张接一张地画个不停。尼娜被舞团总监追求时，母亲表现出了担忧。一怒之下，尼娜否认对方"有动手动脚"（这是在撒谎）。埃丽卡解释说，她不愿尼娜"犯和自己同样的错误"，因为怀孕放弃事业。"什么事业？"尼娜尖刻地问。"为了生你放弃的事业。"埃丽卡回答。①埃丽卡是无法放手的妈妈，尼娜是长不大的孩子。尼娜拼命想跟母亲分离，但没有成功。她的心灵过于脆弱，想把自己和母亲区分开的努力反而让她走向自毁，患上了心理疾病。

发现了吗？本章末尾我们又回到了天鹅的故事。这不是巧合。如果作为母亲，我们与《玫瑰公主》里的父母或《月光公主》中的皇帝过于相似，时日已满仍不愿放手，我们的女儿就很有可能变成海豹新娘或天鹅少女那样无法成熟的小女孩。控制狂王后和耽于幻想的天鹅是一枚硬币的两面，一对反义词。两个面都可能在我们身上存在。也许在人生的某个节点，你注定要做天鹅或海豹，可到了下个阶段，你又成了控制狂王后。女儿变成母亲，再生下女儿，如此循环往复。如果你是海豹女，成为母亲也许是你独立和成长的契机。如果你是控制狂王后，孩子的离去会让你痛彻心扉，但也能开启通往你灵魂深处的旅程。只要能有意识地听从这一发展循环提出的要求，我们便能接纳心碎与失去，成为生命的沃土，让任何想通过我们来到这世上的生命都得到滋养。

---

① *Black Swan*, directed by Darren Aronofsky (Century City, CA: Fox Searchlight Pictures, 2010).

# 思考题

**Q1** 母亲之旅始终在要求我们适应失控的感觉。成为母亲以来，你失控过吗？对此你做出了什么反应？

**Q2** 本章中两个故事的开头都提到了无法生育孩子让父母心碎，他们对孕育生命充满渴望。你渴望过什么？最终得到了吗？那是什么感觉？

**Q3** 第十三位仙女象征着不足为外人道的真实自我，为了营造得体的外在形象，我们会用一些肤浅的理由将之排除在外。若得到邀请，第十三位仙女也许能成为盟友，可被排除在外反倒让她成了敌人。你想将自己的哪部分排除在外？（贪欲？妒意？小气？）

**Q4** 把这部分排除之后，你遭遇过它的诅咒吗？（是被愤怒吞噬，还是因为没有切实地保护自己而在某些情境下被占了便宜？）

**Q5** 公主在十五岁生日当天发现了房间里的老妇人，并莫名被纺锤吸引。你在冥冥中被什么吸引过吗？也许短期内感觉有害或危险，可长远来看并非如此？那会是你和命运的相遇吗？

**Q6** 在什么情况下，你会难以接受你的孩子与他们的命运相遇？

**Q7** 在《月光公主》中，樵夫和妻子发现这份天赐珍宝最终是
留不住的。皇帝想对月光公主施加尘世的权威，可他没有
干涉仙界之人的权利。企图控制月光公主体现了皇帝的狂
妄，他因此受到了惩罚。你有没有企图去控制自己不能控
制的事情？后来怎么样了？

第 3 章

# 失去自我

生而为人就意味着要受伤，围绕创伤展开的人生故事才能指向真实、深刻的人性。

——迈克尔·米德《生命之水》(*The Water of Life*)

被抛下深井会让人彻底失去方向，感觉像是末日来临。生而为人，我们躲不开困惑与绝望，在母亲之旅中，我们无疑也会与之相遇。有时，我们会感觉与孩子，甚至是自己，彻底断开了联结。如果你处在新手妈妈阶段，这也许意味着产后抑郁的幽灵或较轻症的产后低落前来造访。但在母亲之旅的其他阶段，我们无疑还会体验到这种失去自我的感觉，哪怕只是短短一瞬。比如，当你快进入青春期的女儿宣布独立时，你会突然觉得自己并不喜欢她，这时候你会猛然间意识到，自己已经不再把全部心思都放在这段关系里了。当你的孩子进入高中时，独立的那一天赫然逼近，你会发现自己对工作和事业更感兴趣，好多年你都没这样过了。如果亲子关系的性质发生了这种转变，我们会有失去方向的感觉，部分原因在于我们对"母亲"这一身份产生了怀疑。

## 失去联结

　　来访者蕾切尔虽然已经当了外婆，但她来咨询的部分目的是接纳没能和自己的孩子建立联结所带来的悔恨与悲伤。蕾切尔的故事是一个极端案例，跟你的处境也许不尽相同，但你仍有可能从中窥见自己的影子。

　　蕾切尔由单亲妈妈在农村抚养长大，从小家境贫寒。没等读完高中，身材高挑、貌美如花的蕾切尔便签约做了模特。十七岁那年，她搬去了纽约。从此，她的生活中便充斥着酒精和男人的觊觎。不到一年，蕾切尔和一名富家子弟订了婚，之后很快有了身孕。根据蕾切尔的回忆，第一个孩子的出生令她心中既充满柔情，也充满恐惧。那年她才十九岁，照顾婴儿实在有些力不从心。这时，婆婆插手了。在她的坚持下，他们雇用了提供全天候服务的保姆和保洁阿姨。蕾切尔没有反对。从母亲的职责中解放出来以后，蕾切尔继续做她的社交名媛，跟随当时的潮流，浸淫在艺术和酒精之中。第二个孩子的出生也只是让这种生活短暂地中断了一下，因为孩子很快也交给了保姆。

　　蕾切尔从未真正进入母亲的角色。孩子们一天天长大，但她始终没有适应"母亲"这个身份。在教育问题上，丈夫和婆婆也不容她置喙。她认为自己不会跟孩子们相处，便常常躲着他们，隔阂由此加深，让她更觉无能。蕾切尔记得，有一年夏天，她独自带着两个女儿在希腊待了好几个星期。在那里，她们远离令人头晕目眩的曼哈顿，丈夫一家的干预也降到了最低程度。蕾切尔每天都陪伴和照顾孩子们。直到今天，回忆起那个甜蜜的夏天，蕾切尔仍会热泪盈眶。

但是，那年夏天和孩子们建立起来的羁绊却没办法重现。姑娘们上中学那年，蕾切尔的酗酒和嗑药问题已严重到无法忽视。在她三十二岁时，丈夫离开了她，把女儿们也带走了。蕾切尔只能跟孩子们进行最低限度的联系。到姑娘们成年的时候，她们已经跟蕾切尔完全疏远了。

现在，蕾切尔差不多有二十年没喝酒了。她和两个孩子还保持着联系，虽然跟大女儿只有每年少数几次来往，但小女儿一直参与她的生活。当了外婆，蕾切尔很高兴，因为她可以借此弥补当年没好好当妈妈的遗憾。在咨询中，蕾切尔的一部分任务就是对逝去的时光表示哀悼，因为她再也不能重新给自己的孩子当一回母亲了。

## 取得联结，保持联结

我有个朋友生了三个孩子，她经常开玩笑说，她每天都得提醒自己，"我喜欢当妈妈，当妈妈令我快乐"。她的话反映了一个重要的事实。神经生物学家告诉我们，大脑的奖励系统能帮助我们对彼此敞开，接纳新的体验，压力系统则会使我们进入防卫与封闭的状态。丹尼尔·A. 休斯（Daniel A. Hughes）与乔纳森·拜林（Jonathan Baylin）在《基于脑科学的养育》（*Bruin-Based Parenting*）中写道："爱就是向他人敞开的状态。在大脑和身体中，它与自我防卫所呈现的封闭状态是对立的。好的养育是指我们在大部分时间里能对孩子敞开，和他们互动，而不是因不安而对他们封闭。"①

母亲依恋孩子是自然规律。如果亲子关系发展正常，那么孩子的需要得到满足后，母亲应该也会感到满足。孩子哭了，母亲走过去把她抱进怀里，于是孩子停止了哭泣。这能让母亲强烈地感觉到自己胜任这个角色。如果照顾孩子能带给母亲能力感和自信心，母亲之旅就能成为自我价值感的来源。若能如此，养育孩子就是既具备深厚意义，又能带来巨大愉悦的体验，至少在某些时候是。享受跟孩子的相处几乎和爱孩子同样重要，因为一方能带给另一方愉悦是稳定的依恋关系的要素。

如果出于某种原因，你感觉自己无法胜任母亲的角色，孩子就会变成焦虑、不安，甚至耻辱的来源。可想而知，你会躲着他们，因为你不愿面对照顾他们的义务。你和孩子的联结因此被削弱，照顾他们就变得更加困难，进而带来更大的打击，让你更提不起劲儿做母亲，这就形成了愈演愈烈的断联循环。这一切会给你带来极深的屈辱感和欠缺感。你不仅会感觉跟孩子失去了联结，也会感觉好像丢失了，或许从未找到过与自我的切实联结。

每位家长都会在某个阶段体验到这种断联，哪怕只是一时。为工作中遇到的困难而烦恼时对孩子发脾气，只因他有点吵闹；在辅导孩子做功课时感到烦躁或走神；看见青春期的孩子做出糟糕的决定时替她感到害怕，想躲着她——这些都印证了休斯和拜林所说的一种暂时性体验，即"关爱受阻"。大部分母亲会因为程度轻微的断联而感到心情低落，但是这在养育过程中是完全正常的，对大部分人来说，甚至每天都会发生。在一天之中，我们对孩子的敞开程度时而增大、时而

---

① Daniel A. Hughes and Jonathan Baylin, *Brain-Based Parenting: The Neuroscience of Caregiving for Healthy Attachment* (New York: W. W. Norton, 2012), 13.

衰减，这是必要的，也是健康的。从根本上说，只有这样，孩子才能拥有自我感的发展空间，进而成长为独立的人。

但若是这种断联状态长期持续性存在，我们就会从母亲的角色中撤离。蕾切尔便是如此。明显断联可能发生在任何时候，原因也多种多样。产后抑郁症的主要症候就是促使我们亲近孩子的母性奖赏系统未能有效运行。罹患产后抑郁症的母亲可能会一直幻想离开婴儿，至少，她和婴儿待在一起不仅感受不到任何愉悦，还会体验到不够格感和低自我价值感。贫困带来的压力也会触发养育系统的长期崩溃。如果一位母亲被压垮，又缺乏足够的支持，她可能大部分时间都会将自己锁入防卫封闭的状态。这种恐惧和防卫状态若长期持续，我们和孩子的联结，还有活着的感觉，都会被切断。我们会感觉失去了自己。

青春期也是会发生明显断联的时期。如果说，父母能体验到能力感是享受育儿并和孩子们建立联结的关键，那么从这个角度来理解，青春期的艰难就是显而易见的。虽然幼儿让人烦得发疯，但一般来说，他们也比较可爱。可是青少年有时候真的极难相处，他们令人沮丧，甚至叫人害怕。对有的人来说，养育青少年得到的奖赏少得可怜。如果你养育的是这种难相处的青少年，在得不到联结感和能力感等积极体验的情况下，你可能会希望断开联结。这时候我们可以告诉自己，断联的冲动对孩子的发展是有益的，毕竟青春期就是分离的开始。不过，即使想封闭自己，想撤出这段关系，我们也要想办法信赖自己，告诉自己，哪怕青少年没有带来回馈，我们依然可以给予很多。

一则格林童话为我们描述了深刻的情感创伤会带来怎样的关爱受阻。故事讲述了一个深陷抑郁的母亲，她无法保护孩子，不能跟他们或自己保持联结。

## 六只天鹅

从前，有一位国王在大森林里打猎。由于追猎物追得太急，他跟手下走散了。直到傍晚，国王停下脚步环顾四周，才发觉自己已迷失方向。他想找到走出森林的路，却遍寻不着。这时他发现一位老妇人向他走来。国王不知道那正是一个女巫。

"亲爱的夫人，"国王对老妇人说，"您能告诉我走出森林的路吗？"

"噢，可以的，陛下，"老妇人回答，"当然可以。但我有一个条件。您要是不答应，就永远走不出这片森林，会饿死在这里。"

"什么条件？"国王问。

"我有一个美丽的女儿，"老妇人说，"只要您让她当王后，我就带您走出去。"

国王很害怕，只得同意。老妇人把国王领进一间小屋，她的女儿就坐在壁炉边。女孩迎接了国王，就像一直在等他。国王发现女孩很美，但他并不喜欢她，甚至只要看到她，国王就会不由自主地颤抖。

国王把女孩抱上马背，老妇人指明了走出森林的路。国王回到了城堡，并在那里举办了婚礼。

国王之前结过一次婚，他跟第一任妻子生了七个孩子：

六个男孩、一个女孩。国王爱孩子胜过世上的一切。

国王担心新王后不会善待自己的孩子，便把孩子带进了森林深处的秘密城堡。城堡藏得很深，不容易找到。要不是国王曾经在一位智慧的妇人手中得到过一只有魔力的毛线球，他也不可能找到这个地方。只要把毛线球扔到地上，它就会自动散开，指明道路。

可由于国王经常去看望孩子，频繁的消失引起了王后的注意。她想知道国王独自去森林是在做什么，便贿赂了国王的仆人，逼他们说出了国王的秘密，还把毛线球也拿到了手。

王后用白色丝绸做了几件小衬衣，在上面施了咒语。有一天，国王骑马出去打猎了。王后趁机带着小衬衣走进森林。毛线球为她指明了道路。

孩子们远远地看见有人来了，以为是亲爱的父亲，便欢天喜地地跑出来迎接。这时，王后将衬衣一件件扔到了孩子们身上。孩子们一碰到衣服，就变作天鹅，飞进了森林深处。

王后高高兴兴地回家了，认为已经除掉了孩子。可是最小的女儿没有跟着哥哥们跑出来，因此王后不知道她的存在。

第二天，国王去探望孩子，却发现除了小女儿，其他孩子都不见了。

"你的哥哥们去哪儿了？"国王问。

"亲爱的父亲，"女儿回答，"他们都走了，留下了我一个人。"

接着，女孩把从窗口看到的事说了出来，告诉父亲哥哥们怎样变作天鹅，飞进森林。女孩把他们掉在院子里的羽毛拿给父亲看，那是她特意收起来的。

国王心痛不已，但他不知道这件邪恶的事是王后干的。他担心女儿也会被偷走，打算把她带在身边。但是女孩害怕继母，便恳求国王让自己在森林城堡里多留一夜。

可怜的女孩心想，这里不能待了，我得去找哥哥们。

夜幕降临，女孩逃进了森林。她走啊走啊，遇见了一座猎人小屋。她在小屋里发现了一个房间，里面摆着六张小床。女孩钻到了其中一张床的床底下，接着便睡着了。

太阳快下山时，女孩听到响动。她看见六只天鹅从窗户飞了进来，落在地上。天鹅们互相吹气，把彼此身上的羽毛全部吹落。接着，天鹅像脱衬衣一样脱下了身上的皮。女孩认出是哥哥们，便高兴地从床底下钻了出来。见到小妹妹，哥哥们同样很欣喜，但很快他们又发愁了。

"你不能留在这儿，"他们对妹妹说，"这里是强盗的老巢。要是他们回家发现你，会把你杀了的。"

"你们不能保护我吗？"妹妹问。

"不能，"哥哥们回答，"我们每晚只有十五分钟时间可以脱去天鹅皮毛，变回人形，之后我们又会变成天鹅。"

小妹妹哭着问："难道没有办法救你们吗？"

"有办法，"哥哥们回答，"但是太难了。你必须连续六年不说话，也不笑，并且在这段时间内用紫苑花①为我们织出六件小衬衣。只要你说了一个字，所有的工夫都会白费。"

说完这些，十五分钟过去了，哥哥们再次变作天鹅，飞出窗外。

尽管困难重重，但女孩依然决心救哥哥们。她离开猎人小屋，走进森林深处，爬上一棵树，在那里过了一夜。第二天早晨，女孩爬下树，开始收集织衣服用的紫苑花。她不跟任何人说话，也不笑，只坐在树上一心一意地干活。

就这样过了很长时间。有一天，一位国王恰巧来这片森林打猎。猎手们发现了女孩。

他们冲女孩喊："你是谁？"女孩没有回答。

"下来吧，"猎手们说，"我们不会伤害你。"

女孩摇摇头，可猎手们问个不停。为了让他们满意，女孩只得扔下了金项链。可猎手们还是不走，女孩只好又扔下腰带。眼见不奏效，她又扔下吊袜带。就这样一件接

---

① 一种菊科植物，茎和叶都很粗涩，碰到会使皮肤痛痒。——译者注

着一件，女孩把能扔的衣服都扔了，最后身上只剩下一条衬裙。

猎手们还是不肯罢休。他们爬上树，把女孩抱下来，带她去见国王。

国王问："你是谁？为什么坐在树上？"

女孩没有回答。国王用自己会的几种语言轮番问了一遍，女孩依然像鱼一样沉默。由于女孩长得很美，国王对她动了心，爱上了她。他为女孩披上斗篷，把她抱上马，放在自己身前，带她回了城堡。在城堡里，国王为女孩穿上华丽的服装，可谁也没办法让她开口说话。

用餐时，国王让女孩坐在身边。她优雅的仪态令国王喜出望外，遂即宣布："我要娶她为妻。"

几天后，两人结婚了。

国王邪恶的母亲对这桩婚事很不满，常说年轻王后的坏话。"谁也不知道，"母亲说，"这个不说话的姑娘是从哪儿来的。她配不上我们的国王。"

一年后，王后的第一个孩子降临人世。邪恶的婆婆趁王后睡着时带走了婴儿，还在王后嘴边抹上鲜血，向国王控告王后犯下了吃人的罪行。国王不相信这话，也不允许他们伤害王后。而王后始终在缝她的衣服，对其他事情漠不关心。

第二年，王后又生了一个漂亮的男孩。婆婆再次炮制谎言，可国王依然不相信她的指控。

国王说："她虔诚又善良，不可能做出那种事。若不是没法说话，她一定会为自己辩护。她是无辜的，真相终将大白于天下。"

可当邪恶的婆婆第三次偷走新生儿并指控王后时，王后依然不替自己辩解一个字。国王无奈，只得将她带上法庭。王后被判处火刑。

行刑当天恰是不允许女孩说笑的六年期限的最后一天，她坚信，自己一定能为亲爱的哥哥们解除魔咒。六件衬衣都做好了，只剩最后一件的左侧袖子还没缝完。女孩被带上火刑柱，胳膊上挂着那些衬衣。眼看着火就要点燃了，女孩四处张望，终于看到六只天鹅从空中飞来。女孩知道自己马上就能解除咒语，心中充满欢喜。

天鹅匆匆飞向女孩。它们伏低身子，好接住女孩扔过来的衬衣。一碰到衣服，它们的天鹅皮毛就脱落了。哥哥们终于恢复原形，站在了妹妹面前，个个英姿飒爽，只有最小的哥哥没有左臂，在本该是胳膊的地方长着一只天鹅翅膀。

哥哥们彼此拥抱亲吻。王后走向目瞪口呆的国王，对他说："亲爱的丈夫，现在我可以说话了，我要告诉你我是无辜的，一切都是不实的指控。"

她告诉国王邪恶的婆婆怎样陷害自己，怎样带走和藏匿了他们的三个孩子。

令国王欣慰的是，孩子们安然无恙。作为惩罚，邪恶的婆婆被绑上火刑柱，烧成了灰烬。国王、王后和她的六个哥哥从此过上了幸福快乐的生活。

故事里的女主人公失去了父母的庇护，她和哥哥们因此变得脆弱无助。如果你在成长过程中经历过这种情感上的遗弃，你的母亲之旅可能会尤其艰难。女主人公失去哥哥们的情节非常重要。它象征的是通路被截断，因此无法获取本可以帮助我们复原的有益的内在能量。从字面意义来理解这个情节也许更容易唤起共鸣。如果原生家庭存在情感遗弃或忽视的现象，我们便会看到兄弟姐妹受苦的场景。在家长缺席、子女被忽视的家庭中，年长的兄姊通常自觉对年幼的弟妹负有巨大的责任，他们会主动承担起保护的义务。但是对孩子来说，背负这样的义务是超越他们自身能力的。因此，他们实质上是承担起了一个不可能完成的、注定会失败的任务，因为没有小孩能完全取代家长。身为兄姊，亲眼看着弟妹在煎熬中成长，这种经历会让人内疚一辈子。

在故事中，为了弥补父母的过失，女主人公失去了声音。虽然施加创伤的是邪恶的继母，没法保护孩子的是不幸的国王，但是被要求做出牺牲的却是女儿。因为这个牺牲，她没有办法表达自己，也不能保护自己的孩子。

这则童话的重点在于，上一代传递下来的失衡关系会在母亲之旅中给我们带来痛苦。这种代际伤害往往可以回溯好几代，它会悄无声息地在不知不觉中影响我们。对古老的家族模式形成察觉，能帮助我们自我救赎，让自己和子女脱离这种毁灭性的"遗产"。

## 失去声音

国王的手下发现了树上的女主人公，但女主人公不能回答他们，只好交出了自己所有的珠宝和衣物。这个情节象征的是心灵无力自卫的状态。当我们处于这种状态时，为确保自身安全，我们会将所剩无几的东西悉数交出，可那样一来，我们往往会变得更加脆弱，尤其倾向于用削弱自我的方式向他人证明我们不具威胁。

女儿处于青春期的时候，我常有机会听到她和朋友的谈话。我一下就能辨认出那种典型的女性关系模式，尤其是年轻女性之间：她们会叽叽喳喳地傻笑着轮番贬低自己。"我数学很差，不过别的学科也不怎么样。""我今天的发型是怎么搞的？""妈呀，我真不会玩这游戏！"其实年轻女性这样聊天很正常，不过我听着还是浑身难受。但是我能理解这种行为，它的部分功能是为了达成某种互不攻击的协议：我对你不具威胁，我不想跟你竞争。当我们年轻时，自我感尚不稳固，把自己变得更脆弱有时可以帮助我们达到目的，故事里的女主人公就是这样。国王被她的美貌和不设防打动，坠入了爱河。

然而，如果过分依赖这种方式，总是靠缴械投降来逃避冲突，这种关系策略就会令我们失去权威感或立场，因此只能偶尔为之。可当我们身陷抑郁或被低自我价值感折磨时，这种方式也许就是我们唯一的防卫——一种无法保护自己或孩子的防卫。

和故事中的女主人公一样，蕾切尔得到丈夫的追求只是因为对方贪图她的美貌。由于不能发出自己的声音，她的觉知是沉默的。"我不知道我是谁。"蕾切尔回忆道。她很介意自己的口音和不高的学历，她记得结婚前自己总是在派对等社交场合刻意保持沉默。她很早就意识到自己在这种场合的任务就是当花瓶："通常只要多微笑就足够应付了。"

如果我们和故事里的女主人公相似，那么我们在做母亲的时候就更容易走向关爱受阻。故事里的女孩很年轻，被剥夺了主权，尚未取得声音和权威感。蕾切尔在尚是少女的时候就被卷入了高速的成人世界。在这个世界里，她使用的资本是美貌。她没有机会去探寻或发展自我的其他部分，因为她只用美貌进行交易。因此，她始终处于未发展的天真状态。等到她有了孩子，她缺乏的就是倾听和仰赖自己的经验。如果你从未发展过自主感，那么照顾孩子可能会让你感到威胁和不安。

## 负面母亲

故事里一定会出现一个邪恶的婆婆。新手妈妈往往会跟婆婆争夺照顾孩子的主权。我的来访者苏珊很爱自己的婆婆，认为她温暖又热心肠。可自从苏珊当了妈妈，她就总觉得婆婆对宝宝充满占有欲。婆婆总是喜欢一个人带孩子，可苏珊根本不愿意和孩子分开。婆婆还会用开玩笑的语气说"等不及把宝宝抢过来啦"，对此，苏珊根本笑不出来。据我所知，在新手妈妈阶段与婆婆关系紧张的人不止苏珊一个。奶奶认为自己很懂照顾婴儿，这种情况很常见，因此她们提供建议或"帮助"时总会有点专横。蕾切尔的情况自然也是如此。当婆婆坚持雇人来照顾婴儿时，蕾切尔尚未在自身存在的基石上站稳脚跟，因此她无法表示反对。

当然，苏珊的婆婆绝不"邪恶"，蕾切尔的婆婆也不。故事在这里强调的是代际冲突的原型模式之一：年轻女性听从召唤，成为母亲后要去建立权威感；年长女性则必须学着减少控制，接受退居二线的事实。现实情况一般没有这么顺利，这从苏珊和蕾切尔的经历，还有很多电视情景喜剧中都看得出来。如果两代人没能顺利交接，要么是年轻女性没建立起权威感，要么是年长女性不肯退位，这种互动关系就会引发关爱受阻。既然母亲在养育孩子时体验到能力感是我们保持敞开和联结的关键，那么由于婆婆的过度批评、干预或"帮助"削弱了这一能力感，我们就会更难保持联结。

从象征的角度来看婆婆的角色，更能凸显其重要性。从心理学的角度来看，故事中的婆婆代表的是毁灭性的内在负面能量，她会把女主人公创造的新生命全部拿走。她是内化负面母亲的意象。我们都有某种形态的内化负面母亲，哪怕我们真正的母亲是充满爱和支持的。这种内在能量会令我们的内在源泉枯竭，让我们质疑自己，深感无能。如果你真正的母亲是缺席的、抑郁的、挑剔的，或对你实施过情感或身体上的虐待，你的内化负面母亲就会尤其强势。

如果我们在童年时期有过和父母相关的创伤经验，那么这些创伤有可能会被内化，成年后继续对我们施加影响。儿时被父母对待的方式会成为我们对待自己的方式，也会变成我们无意识中希望被别人对待的方式。这对我们拥有自我主张、建立健康关系及在逆境中复原等能力都有着深远的影响。从这个角度来说，故事中的继母和婆婆都是女主人公心灵中的母亲与内化负面母亲的象征。

将父母内化是人格发展的自然结果。我们可能会真的在头脑中听到他们的声音，只要想想我们跟自己沟通的方式，监测一下内心持续不断的对话流，我们也许就能从中识别出父母对我们说过的话语。也就是说，如果父母能在我们低落时给予安慰，这段经历就很可能在我们成年后面对逆境时派上用场。这类正面母亲的体验会成为永不枯竭的内在源泉，让我们在低落时得以求助于内心的慰藉，或至少做到温柔地对待自己。

反之，如果父母对我们冷漠、蔑视、鄙夷或极度挑剔，我们的内在源泉很快就会枯竭。我们无法从内心获取安慰，只能听见攻击性的内在声音说我们不行。有一个内化负面母亲很像是活在诅咒里，一如故事里哥哥们的遭遇。我们也许会难以构建健康的关系或追求想要的东西，因为某种内在能量令我们充满自我怀疑或恐惧。每天都"听到"头脑中有人说我们没有价值或不够格，可能会使我们抑郁。由于担心自己得不到爱，我们也许会选择离群索居。

《六只天鹅》是关于负面母亲诅咒被内化的故事。故事开头，孩子们的父亲在森林里迷了路，森林象征无意识的常见意象。迷失在内心世界的父亲掉进了巫婆的陷阱，被迫娶了她的女儿，他无力拒绝。尽管国王看到那女孩时浑身战栗，但他还是把女孩娶回了家。

童年受过伤害，比如，曾遭父母虐待的女性罹患产后抑郁的概率更高。凯瑟琳·斯通是一位博主兼企业主，她曾苦于产后焦虑，精神一度十分衰弱。在博客"产后进程"里，她分享了自己的故事：

> 我出生时就被送人了。我和养父母共同生活了几个月就被送回了亲生父母身边，老实说，我甚至不知道那到底是多久。我的亲生父母是两个年轻大学生，当时并没有计划结婚生子。从小，我就跟酗酒且有心理疾病的父母生活在一起。如此想来，生下第一个孩子后我就患上了产后焦虑症和强迫症的确毫不意外。

　　　　杰克逊一出生，我就怀着一种近乎草木皆兵的警惕。我
　　担心自己照顾不好他。我睡不着，也无法放松。我感觉保护
　　他是至关重要的，脑海中全是无法抑制的念头，总觉得自己
　　会伤害到他。如今回想起来，我人生最初那动荡的几个月绝
　　对影响了杰克逊出生时我的思想和行为。[1]

　　如果这种破坏性的负面能量盘踞了我们心灵的大半，当我们成为
父母时，它们就很可能会被激活。有的人可能会产后情绪失调。女主
人公失去了声音，无法阻止婴儿从自己身边被夺走，人人都认为是她
杀死并吃掉了自己的孩子，这些极具冲击力的生动意象都是对产后抑
郁心理状态的描述。根据专家估算，5% ~ 10% 的女性会在生完孩子数
周内罹患产后抑郁症。占比更大的女性则苦于症状较轻的"产后低落"。
产后抑郁症的症状包括无法和婴儿建立联结、回避家人与朋友、抑制
不住伤害孩子的念头——所有这些似乎都能从我们的女主人公身上看
到。（我们可以将抹上鲜血的嘴理解为对伤害自己孩子的恐惧。）

## 孤独与绝望

　　如果出于药物滥用、抑郁、压力等原因，我们难以敞开心扉并放
松地踏上母亲之旅，那么结果就是关爱受阻。这会使我们深深地内疚，
因为我们会发现自己产生了不可思议的念头——不想当妈妈或恨不得
没生过孩子。这类感受我们是不会轻易与他人分享或说出口的，因此，
我们会很孤独。在一些极端案例中，我们会因此与孩子以最粗暴的方

---

[1] Katherine Stone, "Postpartum Depression and Postpartum Anxiety Help for Moms,"
*Postpartum Progress* (blog), accessed March 28, 2020.

式永久分离。

美国诗人、小说家西尔维娅·普拉斯就是一个例子。抑郁症的折磨最终使她失去了"声音"，无法保护自己和孩子。普拉斯八岁那年，父亲过世，留给她的是痛苦的情绪遗产。她在很年轻时就开始了与抑郁症的斗争，二十岁时自杀未遂。与英国诗人特德·休斯的婚姻似乎第一次为她带来了幸福的可能。然而，就在第二个孩子出生的那一年，特德·休斯为了另一个女人离开了她。普拉斯陷入了深度抑郁。和《六只天鹅》的女主人公一样，普拉斯缺乏内在的源泉，无法应对孤独与绝望。她在冬日的伦敦孤身一人，远离家乡。尽管她决心要寻求帮助，但还是无法与自己、与孩子保持联结。1963 年 2 月 11 日，普拉斯用湿毛巾堵住厨房门缝，让煤气泄漏到她的幼儿与婴儿正熟睡的隔壁房间，自己则把头伸进烤箱，自杀身亡①。普拉斯的悲剧告诉我们该如何理解《六只天鹅》中母亲的誓言。她筋疲力尽，因此无法开口说话，也不能挺身而出保护孩子。

故事中，为破解魔咒，女主人公要进行长达六年的艰苦工作。六年来，她一心一意地缝制能解救哥哥们的衬衫。这个譬喻指的是从童年创伤或情感虐待中康复需要付出卓绝的努力。我们可能得花费数年时间才能解除魔咒，这往往包括努力去刻意培养对自己的温柔和同情，以建立新的内在安全感。只要我们能在这场坠井之旅中继续走下去，就有机会获得这样的治愈。下一章我们要学习的就是如何解除魔咒，以及由此带来的好处。

西尔维娅·普拉斯和蕾切尔都是断联的极端案例。不过，我们在

---

① 老式烤箱使用的是煤气，需要划火柴点燃，因此将头伸进烤箱在当时是用煤气自杀的一种方式。——译者注

童年时期可能都体验过某种程度的被遗弃。等我们成为父母，这些经历就可能会把我们从孩子身边拽开。也许是你的父母只顾着工作，也许是他们离婚了，也许你的原生家庭本来就有情感匮乏的问题。所有这类经历都会让我们在做父母时难以保住自我。母亲之旅让我们得以重访创伤，也带来了治愈的可能。

## 解除魔咒

我的来访者奥利芙是家中的长女，父母都有酗酒的问题。她的成长环境十分混乱，有时还会遭遇暴力。据她回忆，父亲喝醉后会变得很暴躁，而她会把弟妹们藏进自己的卧室以躲开父亲的怒火。进入青春期后，奥利芙也开始大量饮酒。她工作努力，学业出色，靠在酒店当侍者供自己读完了大学——这份工作给她带来了收入，也让她无法戒酒。大学毕业时，奥利芙很认真地谈了一个男朋友，那人也是酗酒者。几年后她怀孕了，两人结了婚。其后不久，夫妻俩又生了二胎。

直到今天，回想起当新手妈妈的日子，奥利芙依然会落泪。她每周都会喝断片儿，对孩子的幼年时期几乎没有印象。她只记得他们很容易招她烦，因此她尽量躲着他们。她习惯把孩子丢给丈夫，好出去找朋友喝酒。她知道跟孩子在一起时她总是脾气很大，她认为他们是她的负担。结婚不久，她和丈夫的关系就开始剑拔弩张，两人常当着孩子的面激烈争吵。当丈夫开始使用暴力时，奥利芙终于找回了复原力，毅然带着孩子们离开。离婚后数年，她又开始拼命喝酒。她能保住工作，也能完成基本的养育，但无法真正与自己、自己的需求，还有孩子建立起联结。

　　一天夜里，酩酊大醉的奥利芙在一条小巷里失去了意识。次日清晨，她独自苏醒。这件事是她"触底"的瞬间。第二天，她就加入了戒酒互助会，从此再没喝过酒。戒酒后数月，她便来找我咨询。我们就各种问题进行了探讨，而其中一项她必须完成的任务就是认识自己，明白自己究竟重视什么。酗酒时的她是没有感觉的。她用酒精和繁重的工作麻木了情感。戒酒是奥利芙认识自己和自身需求的缓慢过程。由于她很年轻时就开始酗酒了，因此这个过程会尤其艰难。

　　与之相关的另一项任务便是和孩子建立联结，这就包括要原谅自己没能在孩子们小的时候尽到母亲的责任。她需要戒除她的强迫行为，去适应并享受和孩子们的相处。这些都需要时间。最终，奥利芙会有能力去满足孩子们物质和情感两方面的需求。

　　在一次咨询中，她和我分享了最近在戒酒互助会上发生的一件事。一位女性讲述了自己的故事。孩子们的整个童年时期她都在酗酒，直到孩子们成年才戒掉。对错过的时光，她表现出深切的哀伤。奥利芙和这名女性产生了强烈的共情，同时也心生感激，因为她趁着孩子们还没完全长大就把酒给戒了。她还有很多年可以做他们的妈妈，和他们建立联结，享受和他们的相处。

　　故事中写道，婆婆的背叛被揭发，被带走的孩子终于和父母团聚。父母和孩子的联结偶尔会受到干扰，这是正常现象。母亲和孩子之间的纽带是非常强韧的，拉得再长也能弹回原位，哪怕是持续多年的关爱受阻也可以得到治愈和修复，奥利芙的故事就是证明。当然，如果与自己和孩子建立联结的能力太久得不到修复，那么还是会给我们带来永久的创伤，蕾切尔的故事就是证明。

　　我们要向一切重要的失去表示哀悼。奥利芙必须向失去的时光表示哀悼，因为她缺席了孩子们的幼年时期。那些日子已经逝去，无法改变。蕾切尔有更多的失去要慢慢面对，这是我们咨询工作的核心任务。她必须向自己没能拥有的亲子关系表示哀悼。这需要她走出自责，因为自责只会让她滞留在原地。她必须宽恕和接纳曾经的自己，为此，她将流下许多眼泪。

## 思考题

**Q1** 你和自己失去过联结吗？和孩子失去过联结吗？对你来说，那是一种什么感觉？

**Q2** 本章童话的开头，在森林里迷路的国王轻易便中了巫婆的计，娶了她的女儿。在生活中，你有没有在黑暗森林里迷失过？你是怎样找到出路的？

**Q3** 故事中的女主人公有一个想陷害她的继母和一个无法保护她的父亲。我们中的大部分人成年时都带着某种童年创伤，即使我们的父母"足够称职"。等我们成为父母，这些创伤就尤其容易被激活。童年时，你在哪方面没有得到保护？又在哪方面受过伤害？

**Q4** 女主人公无法保护自己，因为她不能说话。和国王的手下第一次见面时，无力自卫的女孩只能倾己所有。你失去过声音，即为自己说话和表达需求的能力吗？你是如何应对这一处境的？

**Q5** 故事里，女主人公的婆婆偷走了婴儿。成为母亲之后，有什么人或事通过怂恿你怀疑自己，暂时偷走过你与母性权威的联结吗？

**Q6** 无法说笑且婴儿被偷走的年轻女性意象是一个心酸的譬喻，象征着我们做母亲时会出现的抑郁。回想一下你对问题 1 的回答，还有印象中与自我和孩子断开联结的时刻。在童话里，这种断联持续了许多年。暂时与孩子断联是正常的，只不过这种体验难以启齿。是什么让你和孩子暂时失去了联结？

**Q7** 故事中的女主人公解救了哥哥们，随后和孩子重新联结，而做到这一步，耗费了她数年的辛劳。当你感觉和内在源泉或孩子断联时，你要做什么才能重新建立联结？

**Q8** 成为母亲之后，你的哪个童年创伤再度浮出了水面？

# Motherhood

## 第二部分

造访井底

逗留　我们将与内在的黑暗相遇，检视在地底王国的发现
和挑战。它包含的是遭到厌弃与否定的自我，有时
我们会害怕与之相认。

第 4 章

# 与黑暗相遇

但凡想改变孩子身上的什么，我们首先应该分析的是从自己身上改变是不是更好。

——《人格的发展·荣格文集（第八卷）》

    《两只匣子》的女主人公于艰难惊惧之中坠井，发现自己身处陌生的土地。在那里，她遇到了会说话的栅栏、烤炉和牛，发现了能提供帮助的动物和布置艰巨任务的古怪老妇人。很多神话和童话都讲述了发生在地底世界的古怪冒险和艰难试炼。苏美尔女神伊南娜前往冥界探访姐妹，结果遭到杀害，被挂上肉钩腐烂。塞姬（Psyche）被命令造访冥王哈迪斯，以取得珀耳塞福涅的一掬美貌，好和亲爱的丈夫厄洛斯（Eros）团聚。神话学家约瑟夫·坎贝尔（Joseph Campbell）指出，英雄故事中总会包含一次深渊之旅，主人公必须在那里经受可怕的磨难。如果一个要素跨越时间和空间频繁出现，就说明它与人类的普遍性相关。换句话说，它就是"原型"。

在母亲之旅中，我们也会历经磨难和试炼，其恐怖程度与神话中英雄们的遭遇相比毫不逊色。其中一项试炼就很可能包括与不堪、抱憾甚至被厌憎的自我相遇。对有些自我，我们宁可不与之相认，但遇见它们是心理成长的必要环节。我们很可能首先在别人身上看到它们。我们会发现身边的人拥有我们最嫌恶的某项特质。如果我们有孩子，就会不可避免地把自己最糟糕的特质投射到他们身上。每个父母都会在某个时期从孩子身上看到最厌恶的那部分自我。这时候，如果我们能留在和孩子的关系里，就会得到契机，去理解和接纳最厌弃的那部分自我——荣格称之为"我们的阴影"。

## 阴影

荣格曾将阴影定义为"（人）不愿其存在之物"①。它是我们拒绝接纳的本性的集合体，在人格发展过程中被置入了黑暗。父母、老师和文化环境让我们学着去隐藏一部分自我，愤怒、自私与性欲便是其中几例。经由教化，我们会将之视为无法接受。至于哪些特质可以接受，你家也许会有特定的"家规"。比如，他们可能会告诉你，人不许自夸，不能拥有艺术细胞，不可显得太聪明。那么，你很可能会学着把这些部分进行自我剥离，这样就不必承认自己有过这些特质。可总有一天，我们会在人生的某个节点与这些被剥离的自我相遇。到那个时候，我们就必须得去面对它们了。

与阴影的较量是这趟自性化旅程的艰难阶段，或者说，是在成为

---

① C. G. Jung and Aniela Jaffé, *Memories, Dreams, Reflections* (New York: Vintage Books, 1989), 247.

注定要成为的那个人的过程中踏出的第一步。有些阴影特质比较容易辨认和处理，但有些很难看清和承认。比如，我也许愿意承认自己有不知节制的倾向，毕竟体重的攀升是明摆着的事实！但我不愿承认自己常有深深的不够格感和羞愧感，因为我向世人展现的面具人格是能干、称职。这些部分对意识自我来说特别难以承受，因此，它们只会以投射的形式出现。也就是说，我们会在别人身上看到这些特质，并深信那是别人的缺点，不属于我们自己。

女儿五岁那年，为通过分析师资格培训，我得参加一场高难度的考试。十二月下旬的某天，我把孩子固定在安全座椅上，然后跑回屋子拿上满满一箱子书，打算去父母家好好读一读。那段时间，我的学习进行得很不顺利。一看到那堆资料，我就深感自己能力不足。前一晚我梦见跟来访者抱怨自己这辈子一事无成，醒来以后心烦意乱。我盖上汽车后备箱盖，把那箱书狠狠地锁在里面。

那天天气还算暖和。这时，一个跟女儿同龄的小男孩骑着两轮自行车从我家门前的步道上蹬了过去。不快和自我怀疑立刻扎向我的心。六个月前，女儿在生日会上得到了这样一辆"属于大姑娘的"自行车。她不仅还没学会骑，甚至连学的兴趣都没有，其实她是害怕尝试。

在那一小时的车程里，我一直琢磨着女儿的各种表现，担心她可能会落后于同龄人。我对自己感到恼火，也对她感到气愤。为什么她不能像其他孩子那样进步呢？

几小时后我才终于意识到，我是把对自身的焦虑投射到了她身上。正如本章开头引述的荣格的话，我希望女儿做出改变，可其实那是我自己需要改变的地方。

## 投射被否认的自我

根据荣格的说法，"别人激怒我们的地方都能引领我们理解自己。"[1]
换言之，想找出你可能投射出去的特质，有一个好办法就是找出那个
最让你恼火和心烦的家伙。那个人最让你受不了的地方很可能就是你
拒绝正视的自我。我曾与一名叫埃伦的女子共事，对她我完全无法忍
受。她长得漂亮，并且自己也知道，因此很喜欢招蜂引蝶，以引人注
目。显然，埃伦的自我感觉相当好。但是在我成长的过程中，引人关
注、自我感觉良好是被视为极其不得体的一种行为。这些特质就是我
的阴影。看着埃伦展现这些特质，我简直恨透了她！

荣格指出，要引发投射，总会有一个"钩子"。埃伦的确有点自大。
如果她不具备这个特点，我的投射也找不到落脚之处。但是比起其他
人，我对她的愤慨显然要强烈得多，超出了情境本身所能引发的范畴。
面对她的自以为是，我的过度反应说明这里面存在我的投射。并不是
每次对人生气或厌烦都说明对方是你的投射，但如果反应过度，就值
得探究一下了。

童话为我们描绘了投射的不同种类、我们对投射的反应，以及这
样做给自己和孩子带来的后果。如果我们将不愿接纳的自我特质长期
投射在孩子身上，他们将被迫花费一生的时间，用于分离自己和我们
的投射。与此同时，我们也失去了进一步理解自己的契机，因为我们
从未发现所投射的特质属于我们自己。格林童话《乌鸦》描述了这样
一位母亲，她唯愿女儿飞走，或者换句话说，唯愿她带着母亲的阴影

---

[1] C. G. Jung, *The Collected Works of C.G. Jung*, vol. 16, *The Practice of Psychotherapy: Essays on the Psychology of the Transference and Other Subjects*, trans. R. F. C. Hull (Princeton, NJ: Princeton University Press, 1970), para. 470.

飞走。愿望成真，小女婴被施下了咒语。故事的开头写道：

> 很久很久以前，一位王后生下了一个小女孩。有一天，母亲无法让淘气的小女孩安静下来。王后渐渐失去了耐心。这时她看见宫殿外有乌鸦飞过，于是她打开窗户说："要是你变成乌鸦飞走就好了！这样我就能休息一下。"话音未落，小女孩就变成了一只乌鸦，从王后怀里飞出窗外。它飞进黑暗森林，在那里待了很久很久，父母再没听到孩子的音讯。

王后失去耐心时，阴影从"外面"飞过。就在它盘旋之际，王后许了愿。她仿佛在说："要是你带着我的阴影从这儿飞走就好了。"随口许下的愿望成真了。令人伤感的是，故事里的国王和王后都没有去救女儿。和许多父母一样，他们对孩子背负阴影一事感到满意，把孩子当成了方便的替罪羊。

当我们对孩子失去耐心时，他们似乎会暂时变成和我们毫无关系的存在。其实，和童话里的那位母亲一样，我们是通过将自己不认同的特质投射到孩子身上来触发这个变化的。当我们无法忍受某部分的自我，如担心自己不够格、不够讨喜，且对这些感受做不到完全察觉时，就会把这些不被接受的特质投射到孩子身上。故事中，母亲诅咒孩子以后，小公主的人称代词就变成了"它"。如果我们为了让自己好受一些，就要求孩子来背负那些被排斥的特质，我们就是在剥夺孩子完全的人性。如果我们对这种行为毫无察觉，就会给孩子带来创伤，把他们灵魂中关键的部分放逐进无意识的黑暗森林。作为母亲，我们也会因此失去进一步认识自己的机会。

投射是正常现象，我们经常会在不知不觉中做出这种行为。每个家长都会不可避免地把部分自我投射到孩子身上，孩子都会或多或少地背负起被我们厌弃和排斥的自我。如果我们一直在拼命减肥，而孩子的体重却在增长，我们就可能对此表现出过度的羞愧或惊恐。如果我们始终害羞内向，孩子在生日派对上只敢徘徊于墙角的场景就可能令我们大为窘迫。如果我们总是因自己能力不足而痛苦，孩子欠佳的表现就可能引起我们强烈的愤怒、焦虑或悲伤。早晚有一天，我们肯定会发现孩子身上有些特质是我们不喜欢的。如果我们能对此产生察觉，就会发现那些得不到认同的特质正是被我们排斥的自我的投射。因此，问题的关键就在于我们能不能察觉到自己正在往孩子身上投射阴影。

如果投射阴影时我们处于不自觉的状态，这种投射就会毒害孩子的人生。它会变成孩子不得不去打破的魔咒，而打破魔咒往往伴随着巨大的代价。1980 年上映的电影《普通人》中展现的就是这种动态关系。影片开始，康拉德·贾勒特登场。这个居住在芝加哥城郊的高中生数周前刚从精神病院出院。由于自杀未遂，他在那里住了一段时间。随着剧情的推进，我们得知康拉德陷入抑郁、有自杀倾向是在一起游船事故之后，他的哥哥巴克在那起事故中去世了。巴克是家族明星，是母亲最喜欢的孩子。虽然影片没有交代，在巴克死前，康拉德和母亲的关系怎么样，但看得出他们生疏已久。康拉德很可能一直是母亲阴影投射的接收者，因为他不是哥哥那样的游泳明星。巴克死后，康拉德又背负起母亲的悲伤和抑郁。

心碎的贝丝·贾勒特太太没办法对儿子的死表示哀悼。她斩断了真实的情感，以至于在葬礼上都没哭。在影片中，我们看到她急于把儿子的死抛在脑后。她催促丈夫制订欧洲旅行的计划，好让生活"恢复正常"。作为母亲，我们有时会躲在人格面具之后，不让自己体验真实的情感。

根据荣格的定义，人格面具即我们在世间佩戴的面具。人人都需要一个甚至多个人格面具，这取决于我们扮演哪些角色。尽管在某种层面，人格面具总是较为肤浅的，但是拥有它也是必要和健全的。只有当我们对人格面具产生过于死板的认同，即取不下面具时，才会带来心理健康方面的问题。贝丝就彻底和人格面具同化了。她关心的只有网球、高尔夫、鸡尾酒会等社交场合。即使在巨大的悲痛之中，她优先考虑的仍然是与人格面具相关的问题，比如丈夫卡尔文参加儿子葬礼时该穿哪双鞋。为此，丈夫和她大吵了一架。贝丝对那个积极乐观的人格面具产生了过度认同，因此，她的黑暗面，即她的阴影没有办法穿透这层面具。

阴影尤其会给有自恋特质的人，比如贝丝，带来威胁。自恋者对他人主要的兴趣在于对方如何支持自恋者的自尊心。为了抵御自身的羞愧感或欠缺感，自恋型母亲会对理想自我产生认同，并且需要家人和孩子对这个形象做出镜映。而阴影会"向我们提出挑战，刺穿我们的防卫，引领我们进一步发展"[1]，它会破坏我们想展现的理想形象，因此，它令我们无法忍受。贝丝能认同巴克，因为他镜映出了贝丝想要的形象——游泳明星。在这层意义上，贝丝对康拉德是失望的。但是，变成母亲自恋的延伸也给巴克带来了困扰，他颇具讽刺性的死因就是暗示——游泳明星溺水而亡。

贝丝认为抑郁和绝望属于阴影，因为这样的情感在她的乡村俱乐部社交圈中是不被接受的。康拉德的自杀未遂让贝丝感到混乱与窘迫，正如康拉德在咨询中对精神医师所解释的那样："听着，我妈永远不会原谅那件事，永远不会！弄不干净的。留在毛巾和毯子上的血……所

---

[1] Nancy J. Dougherty and Jacqueline J. West, *The Matrix and Meaning of Character: An Archetypal and Developmental Approach* (London: Routledge, 2007), 57.

有东西都扔了，连浴室里的瓷砖都重铺了一遍。"[1]

贝丝将自己无法感受到的悲伤全部投射到了康拉德身上。康拉德为母亲背负起了一切。和大多数背负阴影的人一样，康拉德也遭到了放逐和排斥。贝丝根本不愿靠近这个儿子，因为他代表的是她拒绝成为的一切。康拉德与母亲的互动既紧张，又尴尬，母亲这方还潜藏着一丝恶毒的愤怒与抵触。当贝丝把自己无法认同的悲伤投射到康拉德身上时，本就显而易见的厌恶更是变本加厉。贝丝想摆脱他。她提出送康拉德去寄宿学校，因为他"让人生气"。这个儿子就像《圣经·利未记》里提到的替罪羊，背负着部落的罪孽，被放逐沙漠。

## 接纳阴影，整合阴影

如果母亲能和不认同的自我建立起某种联系，又会怎么样呢？毕竟，阴影投射是正常现象，每个母亲都会把阴影投射到孩子身上，但并非每个孩子都会像康拉德或变成乌鸦的小公主那样痛苦。如果我们能接纳并取回被排斥的那部分自我，我们会发现，遇见阴影能带来重要的成长。

母亲之旅为我们带来了和阴影投射正面交锋的绝佳机会。因为背负着那些负面投射的是我们深爱的个体，我们对他们负有重大的责任，也具有高度的认同，所以我们很难做到一直与之分离。至少，就算我们对孩子心生反感，但不得不承认，无论是从基因的角度，还是从行为的角度，造出他们的正是我们自己。在这种情况下，阴影投射就会

---

[1] *Ordinary People*, directed by Robert Redford (Jefferson City, MO: Wildwood Enterprises, 1980).

反弹，形成母亲之旅中紧张感的来源之一。只要不是处于过度封闭或无意识的状态，我们就一定会被迫看到自己的阴影。

如果我们能怀着同情去面对自己和孩子，即使是最厌恶的部分也能欣然接纳，那么阴影物质就会发生转化。母亲之旅带来了救赎的机会，让我们能够取回被抛弃的自我，因为由孩子背负的阴影更能引起我们的同情。对孩子深厚的爱也会激励我们跨越自我厌恶和羞耻，逐步接纳阴影。这样一来，我们就成了自己的母亲，去接纳最憎恶的那个自己。我们由此敞开，得以和他人建立真正的亲密关系。因为若能接纳有缺陷的自我，我们就能更好地去关心和接纳我们爱的人。

塞拉利昂的民间故事《两个女人的故事》为我们生动地展现了为何接纳有可能让阴影转化，以及为何这样做是生育力的关键。

启蒙故事 Enlightenment

## 两个女人的故事 ——————————

从前，两个女人嫁给了同一个男人。她们都生不出孩子，也都渴望有孩子。一天，一个路过村子的人说，附近有位老妇人有能生孩子的神药。第一位妻子立刻找到了那位老妇人，求她让自己怀上孩子。

老妇人说："你会帮它洗掉污垢吗？""会的。""你会让它在你身上撒尿吗？""会的。""你会让它在你身上呕吐吗？""会的。""你会喜欢呕吐的感觉吗？""会的。""好的，那坐下吧。"女人坐下，吃掉了为她预备的食物。等她吃完，夜晚降临了，老妇人就让第一位妻子躺到床上去。

"不管今晚来了什么，要是你想怀上孩子，就别害怕！好好待它。"第一位妻子同意了。午夜时分，一条巨蛇游向这位年轻女子。她很害怕，但还是冷静地迎接了蛇，转眼间，蛇变成了一只小枕头。年轻女子轻轻抱起枕头，吻了三下，便睡了上去。

过了一会儿，又来了几只老鼠。老鼠在女人身上撒尿，但她并不介意，她不怕漂亮的衣服沾上尿。

清晨，老妇人来了。看到发生的一切，老妇人很喜悦。在女人看不到的地方，老妇人拿出一只篮子，把一个伤痕累累的女婴放在里面，也放了治伤的药。她把篮子递给第一位妻子，也给了她能怀孩子的药。

"路上不可以打开篮子，"老妇人说，"到了河边，煮好饭，才能把篮子打开。要把怀孩子的药和着饭一起吃掉。"

女子依老妇人的吩咐行事。她煮好饭，打开篮子，看到了伤痕累累的婴儿。她小心地抱出孩子，放上膝头，不断地亲吻她。她在篮子里找到了治伤的药，便给孩子洗澡，把药膏抹在伤处。接着她给孩子喂了些饭，那孩子便痊愈了。

回村以后，第一位妻子继续照顾女婴，后来，她便怀上了一个男孩。

第二位妻子见状，也想知道怀孩子的法子。她问第一位妻子都做了什么，第一位妻子一五一十地告诉了她。两位妻子中，第二位妻子更受宠，穿的都是最贵的面料做的漂亮衣服。现在，她也去找那位有生子神药的老妇人，说她也想怀上孩子。

老妇人说："我有几个问题要问你。你能为它洗去污垢吗？"第二位妻子说："什么！我来这儿可不是为了洗什么污垢的。瞧瞧我，瞧瞧我这漂亮的衣服。再也不要问这种问题了！"老妇人又问："你能为它洗去尿液吗？"第二位妻子勃然大怒："快住嘴！我来这儿可不是听你问我什么要不要洗去尿液！"老妇人又接着问："你愿意让它在你身上呕吐吗？你会洗掉呕吐物吗？"妻子说："我不要回答这种问题！你会说这些是因为你太老了。"

和第一位妻子一样，老妇人也叫这个女人躺到床上去，夜里无论来的是什么都要迎接。可当蛇进来时，第二位妻子却朝它扔石头，把蛇打死了；当老鼠进来时，她蹦起来大声尖叫，怪它们的尿液弄脏了她漂亮的衣服。

早上老妇人过来，看到了发生的一切，但并没有生气。她把给过第一位妻子的东西同样给了第二位妻子，也告诉第二位妻子到河边才能打开篮子。可第二位妻子不听她的话，她不相信这个老妇人，于是半路就打开篮子往里窥看。她看见里面有发亮的皮——原来是一条蛇！女人盖上篮子继续往前走。到河边后，她煮好饭，再次打开了篮子。

这回，她看到篮子里有一个伤痕累累的孩子。女人拿起一块破布塞进那孩子嘴里，免得她哭喊，因为她不想让别人知道自己带回家的是一个伤痕累累的婴儿。她径直来到老妇人的家，放下篮子，生气地说："我来求你，不是为了得到这样一个伤痕累累的小孩。"说完她便回了村子，接着就死了。

和《两只匣子》一样，故事里的两位妻子也展现出两种与无意识联结的方式。在这个故事里，她们展现的是两种对待内在真实小孩的态度。每个人心中都有一个伤痕累累的阴影小孩。我们要么看不清楚他的面貌，要么因他而感到痛苦。在母亲之旅的试炼中，我们很可能会与之相遇。故事教导我们，想创造生命，就必须爱这个小孩。第二位妻子对人格面具，即华美昂贵的衣服过分认同，她不能接受伤痕累累的小孩。她在意别人的眼光。心灵的死亡和不育便是她的结局。第二位妻子没明白，要想获得生育的能力，就必须向恶心可憎的东西，即不被认同的自我敞开。

炼金术的目标是制造奇迹般的珍品，有时我们称它为"贤者之石"。炼金术士认为，这件世间至宝可以在"恶心的污秽"中寻得，它被"弃于粪堆之中"①。所以说，遭唾弃的阴影蕴含的是珍贵的宝物。第一位妻子像炼金术士那样行动，欣然接受了蛇和撒尿的老鼠，它们因此发生转变，孕育出了篮子里的婴儿。

## 蛇的智慧

蛇是极其复杂多义的意象。由于在故事中蛇变成了浑身是伤的小

---

① C. G. Jung, *The Collected Works of C.G. Jung*, vol. 12, *Psychology and Alchemy*, trans. R. F. C. Hull, 2nd ed. (Princeton, NJ: Princeton University Press, 1968), paras. 421, 454.

孩，因此这里的蛇跟孩子有关。在某些文化中，蛇与生育、性欲，尤其是怀孕相关。意大利童话《比安卡贝拉与蛇》的开头写道，王后始终怀不上孩子，直到有一天她在花园里午睡，一条小草蛇爬入她的衣服，穿透她的身体，躺进了她的子宫。在这个语境中，蛇的出现似乎说明，如果不跟本能接触，你就无法孕育新生命。蛇代表的是本能。想要怀孕，人自然需要具备活跃的性能力。在《两个女人的故事》里，第二位妻子似乎不愿为那些肮脏的肉体行为费心。她不想认识象征性欲和本能的蛇，也不愿被这种能量穿透。

有的人选择躲避阴影。可他们不知道，新生命对我们提出的要求恰是下潜至阴影与肉体的场域去弄脏自己。我们之所以会对生命的本能产生抵触，是因为它们让人感觉危险。蛇也和较低层面的心灵，即肉体行为这一神秘的场域相关。怀孕后，我们的身体会启动神秘的进程，编织出新的人类生命。这个神秘事件发生在我们体内，却远离我们的意识和觉察，引导整个过程的是深不可测的自主神经系统。不需要任何意识的参与，我们的身体便能创造生命，它借助的是蛇所象征的原始智慧。这种令人敬畏的智慧神秘莫测，对意识来说完全陌生。有的人在怀孕时会难以对这个过程产生信赖。

故事中的第一条蛇在得到接纳和爱后转化为了枕头。荣格认为，无意识能够"反映出我们面对它时的面容。敌意使它具威胁相，善意则让它变得温柔。"① 如果我们对阴影抵触和唾骂，它们就会变得恶心可怖，一文不值；但如果我们以敞开和好奇的姿态面对无意识，它就会变成有助益的朋友。枕头带来舒适和我们最私密的思想，即与隐秘

---

① C. G. Jung, *The Collected Works of C.G. Jung*, vol. 12, *Psychology and Alchemy*, trans. R. F. C. Hull, 2nd ed. (Princeton, NJ: Princeton University Press, 1968), paras. 29.

的内在生命相关。枕头是躺上去睡觉和做梦的地方。当蛇得到接纳时，它就从隐含着危险的可怕之物变成了能给内在生命带来帮助与慰藉的存在。

一位第三次怀孕的女人在孕晚期做了如下的梦，与前述的部分主题有所关联：

> 我在医院里。一位护士走过来，把宝宝放进我怀中。有一个生孩子用的浴缸，水很清。突然，我们看到一条蛇在浴缸里蠕动。起初那蛇是平面透明的，但很快就成了盘卷的实体。我觉得很有趣，因为我感觉那蛇的动作和子宫里宝宝的动作很相似。别人都怕得要命，想杀了那条蛇，但我很平静，一点儿也不害怕。我对他们说，蛇会走开的，它不伤人。[1]

造梦者拥有正确的直觉，她知道不能对蛇怀有敌意和畏惧，要平静以待。和我们的童话里一样，这条蛇也跟孩子相关。它在用于生产的水里，且造梦者认为子宫中胎儿的动作与蛇相似。有意思的是，做梦数周后，造梦者做了剖宫产，发现胎儿的脐带已绕颈两周，不过幸好孩子最终平安无事。

在《比安卡贝拉与蛇》中，小蛇进入了无法怀孕的王后的身体，让她怀上了女儿。孩子出生时，脖子上盘着一条绕了三圈的草蛇。在故事里，协助生产的人都吓坏了，但蛇只是轻柔地松开婴儿的脖子，爬进了花园。这时，稳婆发现宝宝的脖子上有一条美丽的金项链。和脐带一样，蛇既能带来滋养与生命，也隐含着窒息与死亡。蛇与创造

---

[1] Regina Abt, Vivienne MacKrell, and Irmgard Bosch, *Dream Child: Creation and New Life in Dreams of Pregnant Women* (Einseindeln, Switzerland: Daimon Verlag, 2000), 169.

新生命相关，与死亡相关，与生死循环相关，也与重生相关。为保证生命的源头畅通无阻，作为母亲，我们必须与蛇的能量保持联结，因为它与"创造—毁灭"这一原始循环相关。故事告诉我们，只有心甘情愿地迎接死亡，才能获得新生。

## 接纳孩子和我们自己

在《两个女人的故事》里，老妇人给了女人伤痕累累的孩子，也给了治伤的药。同样，我们的心灵中有创伤，也有疗伤的药。只要我们去滋养那个伤痕累累的内在孩子，使他发生转化，我们就能滋养别人。在外在生活中，我们真正的孩子也会受伤。我们要做的是跟孩子建立起深度联结，去爱他们，而不是利用他们来满足我们的自恋需求。这就要求我们能悉数接纳他们和我们自己的创伤。接纳孩子使我们能更完全地接纳自己。接纳孩子身上桀骜不驯、不讨喜的糟糕部分，就是在接纳我们灵魂深处那个糟糕的内在小孩，在此之前，他也许从未得到过接纳或爱。

为了解决心中与日俱增的抑郁感，凯茜来找我咨询。她是个身形玲珑、气质高雅的美女，穿着打扮无可挑剔。她呈现在世人面前的人格面具成熟且精致。作为时尚行业的主管，她对外表的关注与她的职业需求相得益彰。凯茜向来事业心很强，也做出了不少成绩。她的大女儿和她一样貌美时髦，即将就读名校，看起来很快便可女承母业。然而，凯茜对小女儿满心忧虑。她第一次联系我时，海伦娜正在读中学。

凯茜解释说，海伦娜一直是个我行我素的孩子。从小，她就喜欢一个人待在房间里玩娃娃，可其他家庭成员都更喜欢出去社交。凯茜的大女儿很小就对漂亮衣服感兴趣，海伦娜却对穿着打扮漠不关心。进入青春期后，海伦娜的体重开始增长，凯茜立即行动起来，想帮海伦娜减肥，海伦娜对此却十分抵触。大约就在这个时期，凯茜发现自己常感觉倦怠，想流泪。

第一次咨询时，凯茜强调说自己并不只是担心海伦娜的健康，她还为她感到羞愧。凯茜为此非常难受。促使她前来咨询的导火索是一场学校组织的母女联欢会。在与更为大方苗条的同班同学的对比之下，凯茜惊恐地发现自己对女儿产生了愤怒，甚至厌恶的情绪。她不敢相信自己竟对女儿有那样的想法。我接纳了她的感受，建议她用好奇心来面对。

我和凯茜开始探究这份似乎因海伦娜体重增长而滋生的抑郁。在这个过程中，凯茜青春期的回忆浮上了水面。她也曾像海伦娜一样内向，但家人对这种性格提出了严厉的批评。凯茜的父亲是个专制的暴君。他要求全家必须遵守他制定的每条特殊规定，比如禁止白天一个人待在自己的房间里。据凯茜回忆，她小时候一直体重偏重，父亲会因为这件事批评她。进入青春期后，她的体重又有了明显的增长，全家都对此表示担忧。大约就在这个时期，凯茜的父亲突然离家出走了。父亲的消失令家中的经济状况陷入混乱，每个人都饱受创伤。

凯茜将人生分为"父亲消失前"和"父亲消失后"。父亲走后，她不得不成为自力更生的小大人。她在学业上追求完美，成为班上的第一名。她开始以信徒般的热诚减肥和锻炼。我和凯茜渐渐看到，这些行为都是为了抵挡不堪忍受的脆弱感和无助感而形成的适应性变化。事实证明，它的确帮凯茜度过了混乱的青春期，在她成年之后也能继续带来帮助。魅力十足的人格面具与成就导向（achievement orientation）①素质让她在行业里出类拔萃。然而，这种生存之道需要将那个体重偏重、喜欢幻想的小女孩埋葬和遗忘。这部分阴影自我与凯茜的意识始终是分离的，直到海伦娜进入青春期。

我们发现，凯茜的抑郁症状始于海伦娜十三岁那年，即父亲离开时凯茜的年龄。凯茜发现，自己之所以对海伦娜产生强烈的负面情感，是因为她把阴影自我投射到了孩子身上。这样一来，她就变成了故事里的第二位妻子，拒绝接受那个受伤的小孩。现在凯茜终于卸下了心防，产生了同情——对海伦娜，更重要的是对青春期的自己。父亲离开后，那个少女就被埋进了地底。

凯茜终于体验到了童年突然结束所带来的悲伤，此前，她一直没能体验这份情感。随着时间的流逝，凯茜的抑郁症状终于逐渐减轻。她不再为海伦娜的体重焦虑。没有了母亲对自己体重和身材的过度关注，海伦娜也开始主动进行体重管理。我发现凯茜对外表的修饰也没那么在意了。她还是很优雅迷人，但她的着装风格变得更加休闲随性。有一天，她向我坦承，她喜欢周末下午独自在卧室看书的时光——多年来，她一直不允许自己这样享受。通过女儿，她和自己的阴影相逢，对它有了新的认识。现在她已经完全接纳了曾遭到拒绝的那部分自我，由此开创出全新的河道，让生命能量得以汩汩流动。

凯茜曾羞于承认自己为女儿感到丢脸，不过，对我说出这些感受让她逐渐开始了对自己和孩子的接纳。在养育孩子的过程中，我们当然会对孩子感到失望、丢脸，甚至厌恶。如果这些感觉强烈到令你

---

① 具备此类素质的人往往怀有追求成功和卓越的愿望，他们愿意挑战自我，不畏惧困难，并在工作中有较强的表现欲。——译者注

无法忍受，那么一部分原因应该就是我们将最憎恶的自我投射到了孩子身上。那是一种痛苦的体验，而且如果不采取行动，它会成为孩子一生的重担。但是，它也能帮助我们向曾出于种种原因被剥离的自我敞开。那些由孩子背负起来的、令我们感到羞耻和厌弃的部分可以成为伟大的老师。只要我们愿意面对它们，并意识到它们其实属于我们自己。

## 思考题

**Q1** 你的孩子最令你恼火的是哪一点？最让你觉得丢脸的又是哪一点？如果你对这些特质的反应有些失常，那么它们很可能就是你投射出去的阴影特质。你的情况是这样的吗？

**Q2** 拥有生子神药的老妇人问第一位妻子的首要问题就是，她是否愿意清理污垢、尿液和呕吐物。你是否需要克服一些重大的疑虑和不安，才能接纳母亲的身份？如果是，那是什么感觉？

**Q3** 在《两个女人的故事》中，怀孕的过程包括迎接蛇和老鼠。怀孕会让我们对曾忽视的肉体多加留意，从而产生新的觉察。这就意味着我们要去克服对肉体行为的厌恶或神经过敏。如果你通过分娩成为母亲，你认为就肉体层面而言，怀孕是一种什么体验？无论肉体还是精神，让你感觉厌恶或惊恐，但又必须迎接的是什么？

**Q4** 如果先在孩子身上看到那些令我们羞耻的自我，我们就更容易以更大的善意来对待它们。你的孩子有没有展现过通常你会以之为耻，但现在反而以关爱相待的特质？

**Q5** 正确照看受伤的小孩显然是故事取得大团圆结局的关键。你的受伤小孩在哪儿？也就是说，被你隐藏、以之为耻的那部分自我在哪儿？近来，你在什么情况下曾对它以善意相待？有没有安抚它，给它用药？

**Q6** 第二位妻子过分在意自己的华服，因此不能接受蛇、老鼠和受伤的小孩。我们都有过无法对受伤的内在小孩敞开的时候。对某些人来说，敞开是极其困难的。近来，你在什么情况下往那部分自己的嘴里塞上了破布，严苛以待？

**Q7** 第二位妻子对受伤小孩十分抵触。孩子难免会做出一些让我们感觉窘迫、羞耻，甚至厌恶的事情。最近，你对孩子的行为感到过羞耻或厌恶吗？你对此的反应是什么？

**Q8** 你的哪部分自我尤其令你感到羞耻？什么被你剥离了？

第 5 章

# 找到黑暗的价值

阴影是一条挤迫的隧道，一扇狭窄的门，凡坠入深井者，都要经受被它挤压的痛苦。

——《原型与集体无意识·荣格文集（第五卷）》

到达井底之后，我们会经受考验。在母亲之旅这场试炼中，你会跟意想不到的自己相遇。在这层意义上，孩子可以是你的老师，引领你与被遗忘或被否认的自己建立联结。在意识自我和人格面具的发展过程中，被埋葬或被遗忘的大部分都曾是你的本能、能力，以及出于某种理由被视为不可接受的性格特质。这些部分往往拥有惊人的能量，可能在将来成为复原力的源泉，荣格把它们称为"正向阴影"。它们是我们内在的隐性潜能，但我们却任由它们日渐衰减。有时孩子为我们背负起的正是这些我们基于种种原因无法获得的有价值的部分。当孩子们展现出这些特质的时候，身为母亲的我们可能会做出不同的反应。如果我们对这些特质完全没有觉察，它们便会给我们带来威胁，那么在孩子身上看到它们会让我们无法忍受。如果我们曾被迫否认这些特质，孩子们展现出它们则会令我们感到嫉妒。此外还有一种可能，孩子使我们第一次和它们于外在世界相遇，由此，我们得以逐步和它们建立起联系。

孩子会为我们保管那些尚处于阴影之中的特质，比如果敢自信、无羁无绊、享受性爱的能力或是创造力。如果你不被允许展现出这些特质，也许你会致力于让孩子来展现。我们也许要花很长时间才能感觉自己有资格取得这些特质，在此之前，我们可以先让孩子获取，好为自己将来的人格发展扫清道路。

## 什么进入了地底

我的来访者塞莱娜小时候聪颖活泼，却长期遭受母亲带来的身心虐待。塞莱娜已成年的女儿凯蒂具有塞莱娜长久以来无法在自己身上看到的隐性潜能。"凯蒂不像她哥哥那样随和，"塞莱娜说，"她是个暴脾气！凯蒂是更好版本的我。如果我有个好妈妈，我可能就会变成她这样。她一走进来，整间屋子都亮了。她能维护自己的立场，根本不理会别人的浑话。她很直率，有许多朋友。"

为缓解母亲的盛怒，尽可能获得爱和赞同，塞莱娜不得不藏起好辩的本性，顺服地生活。小时候的塞莱娜在学校里话很多，常常惹上麻烦。大概从十一岁开始，她就进入了"封闭"状态，变得安静内向。活泼小孩进入了阴影，带走了那份自然健康的自恋，她再也不会说"嘿！快看我！"塞莱娜流着泪坦承，女儿出落得美丽自信，她的确很开心，但是，看到她展现出自己可以有却从没实现过的特质，塞莱娜心里也有些不是滋味。

　　塞莱娜开始努力和那个活泼的自己重新建立联系。在外在生活中，她尝试进入珍视她的活泼幽默而不是去打压的新关系。但是这些新关系也让她战战兢兢，因为每次塞莱娜想表现出自信和魅力，想享受他人积极的关注时，母亲那扫兴的内化声音就会出来干涉，说她厚颜无耻，威胁要对她施加惩罚。展现遭到阴影贬斥的积极品质让塞莱娜感到危险和不正当。有一个梦很能说明这一点，这个梦曾经给塞莱娜带来了极大的困扰：

　　　　我对女儿说我要跟她发生关系。门被某人打开，我们拥抱着滚来滚去，但没有感觉。我做不到。这事是错的。凯蒂只是顺势而为，但她并不愿意，可她没有说。

　　按照我的理解，这个梦象征着塞莱娜内心在寻求和女儿拥有的阴影特质交合，而那些特质却让她感觉危险和越界。梦境自我想和女儿发生亲密关系却无法顺利进行，因为这件事似乎是错的。梦的情节令塞莱娜深感困扰。梦境画面生动地表达出塞莱娜既想获得女儿拥有的正向阴影特质，又认为取得那些特质是禁忌和危险的。如果孩子展现出了我们被迫否认的正向潜能，和孩子的关系就会让我们百感交集。

　　两周后，塞莱娜又做了一个关于凯蒂的梦。这个梦不但印证了我对第一个梦的解析，还有了进一步的发展。

　　　　我站在一大片草场外。草场上随意摆放着几张长桌，桌上堆满食物。每张桌子似乎放的都是不同的食物——熟食、墨西哥菜、希腊菜。我在桌子外围转圈，桌边围满了人。我端着一只空盘子，也想拿点食物，可进不去。准确地说，没人邀请我进去，我也没开口问。
　　　　我一直在外围绕圈。这时，在我右边，一群年轻人从天

而降，掉到一块垫子上。我打听他们的身份，有人说他们是
联邦调查局的实习生。凯蒂就在这群年轻人之中。这些"实
习生"做各种体能训练，展示着过人的耐力和身材，然后从
我身边走过去，就像在参加毕业典礼。凯蒂和其他人一起从
我身旁走过。她目视前方，似乎在微笑，就像默默为自己感
到骄傲。经过我时，凯蒂扭头看我，我感觉像在镜子里看到
了自己。我盯着自己的脸。我很震惊，很意外，然后我醒了。

在塞莱娜看来，联邦调查局是精英团体。她的阴影女儿凯蒂能运
用过人的体魄与耐力达成使命，而这一切最终都是为了走向完整和成
长，即使这意味着她会做出"坏"的行为。相比之下，梦境自我却缺
乏足够的魄力，无法取得桌边的一席之地。但是，在梦境的结尾，塞
莱娜从女儿英雄般强大的形象中认出了自己。

当孩子为我们背负起正向阴影，我们就有机会去遇见和接纳此前
遭唾骂的自己，这能让我们焕然一新，充满活力。挪威童话《小破烂》
为我们生动地描绘了正面阴影所具有的天赋。

## 小破烂

从前有一位国王和一位王后，他们没有孩子。王后因
此十分悲伤，后来他们收养了一个小女孩。有一天，小女
孩在王宫院落中玩一只金苹果，来了一个乞讨的妇人和她
的孩子。很快，王后的养女就和乞丐女孩一起玩起了抛接
苹果的游戏。

王后过来驱赶乞丐女孩，那孩子却对王后说："如果你知道我妈妈的力量，就不会赶我走了。"王后问这话是什么意思，女孩告诉她，只要她愿意，她的妈妈就能让王后怀上孩子。王后便让小女孩把妈妈找来。

"你女儿说你能让我怀上孩子？"老妇人刚走进房间，王后就问她。

"我也许知道这么一个法子，"老妇人说，"您得在夜里上床睡觉前打上两桶水，在两个桶里洗澡，再把洗澡水泼到床底下。第二天早上，您会看到床底下长出了两朵花，一朵美，一朵丑。您得吃下美的花，留下丑的花。最后这句可千万别忘啦。"乞讨的妇人就说了这些。

王后依言行事。她打来两桶水，在里面洗了澡，然后把水泼在床底下。第二天早上她往床底一看，真有两朵花长了出来——一朵又难看又臭，长着黑色的叶片；另一朵又闪亮又美又可爱，王后从没见过那样的花，立刻就把它吃掉了。由于好看的花吃起来是那么甜美，王后胃口大开，一时没忍住，又把那朵黑色的丑花也吃下了肚。因为她想，既然黑色的花没什么用，那也就不会有什么危害，不碍事的。

自然，过了一阵子，王后就该分娩了。这一次，她生了一个手里握着木勺、胯下骑着山羊的女孩。这女孩又丑又讨厌，刚一出生就大声号着："妈妈！"

"如果我是你的妈妈，"王后说，"恐怕仁慈的上帝是为了让我赎罪。"

"哦，别灰心，"骑山羊的女孩说，"后头还有一个呢，她长得好看多了。"

果然，王后接着又生了一个女孩，长得漂亮又可爱，谁都没见过这么讨人喜欢的小孩。王后非常高兴。人们管双胞胎姐姐叫"小破烂"，因为她样子丑陋，成天穿着破衣烂衫，脑袋上总戴着破破烂烂的兜帽。王后根本不愿意看到她，保姆总想把她一个人关起来，可没有用。双胞胎妹妹在哪儿，姐姐就在哪儿，没人能把她们分开。

这天是平安夜，姐妹俩都已经是半大孩子了。突然，王后卧室外的过道上传来了可怕的喧哗声。小破烂问是什么人在过道上吵个不停。

"噢，"王后说，"没什么好问的。"

可小破烂依然问个不停，王后只好告诉她，是一群地精和巫婆来这儿过圣诞节了。小破烂就说她要出去把他们赶走。她让王后多加小心，关紧所有的门，因为哪怕是一条小缝他们也能钻进来。说完，小破烂便拿着木勺出去追赶和驱逐入侵者。这时，不知怎么回事，有一扇门还是开了一条小缝，双胞胎妹妹就从门缝里窥视，想看看小破烂怎么样了。突然，只听啪的一声，一个老巫婆一鞭子抽下了妹妹的头，又把一颗牛头安了上去。妹妹立即四肢着地，跑回房间，像牛一样哞哞地叫了起来。小破烂回来看到妹妹的样子，感到十分生气，因为她没有好好看守所有的门。

"不过算了，我来看看能不能解除咒语吧。"小破烂说。

她让国王准备一艘装备齐全、供给充足的船，但交代不要船长和水手。她要一个人带着妹妹出海。

就这样，小破烂把船开到了巫婆藏身的地方。她让妹妹留在船上，自己骑着山羊前往巫婆的城堡。到了以后，小破烂看见走廊上有扇窗子开着，窗框上挂着的正是妹妹的头。她骑着山羊纵身一跃，从窗子跳进走廊，然后抓起妹妹的头就往回跑。巫婆追了过来，小破烂用木勺打她们，那群巫婆只得罢手。就这样，小破烂回到船上，拿掉妹妹的牛头，把原来的头安了回去。妹妹又变回了从前那个漂亮的女孩。接着，她们驾船走了很远，来到了一个陌生的国度。

这里的国王是个鳏夫，有一个独生子。看见陌生船只靠岸，国王便派信使去打听船主的身份。信使来到岸边时只看到了小破烂，正骑着山羊在甲板上全力地绕圈奔跑。他们见状惊叹不已，问小破烂船上还有没有其他人。"我有个妹妹，"小破烂回答，"但只有国王本人才能见她。"

国王听说了这件怪事，便立刻去见这个骑山羊的女孩。见国王来了，小破烂便领出了妹妹。她长得温柔又美丽，国王立刻爱上了她。他把两姐妹带回王宫，想让妹妹做王后。可小破烂说除非她能嫁给国王的儿子，否则不同意这桩婚事。王子很不情愿，因为小破烂长得难看，性子又野。最后国王虽然心有不甘，但还是屈服了。

很快便是大婚之日。首先，国王驾着马车带着新娘穿街过市。由于女孩很美，人们都驻足观看。接着王子也骑着马来了，身边是小破烂，骑着山羊，拿着木勺。王子的模样更像是在参加葬礼而不是婚礼。他很悲伤，一言不发。

"你为什么不说话？"骑了一段路后，小破烂问道。

"怎么，我该说什么？"王子回答。

"至少可以问我为什么要骑这么丑的山羊。"小破烂说。

"你为什么要骑这丑山羊？"王子问。

"这是丑山羊吗？没有哪个新娘骑过这样漂亮的马。"小破烂回答。话音未落，山羊就变成了马——世上最俊美的马。

他们又往前骑了一段路，王子还是像刚才一样懊丧，不说话。小破烂又问他为什么不说话。王子说他不知道该说什么。于是小破烂说："至少可以问我为什么骑马时要拿着把难看的勺子。"

"你骑马时为什么要拿着把丑勺子？"王子问。

"这是丑勺子吗？没有哪个新娘有这样漂亮的银杖。"小破烂说完，勺子就变成了银杖，阳光照上去，银杖熠熠生辉。

他们又往前骑了一段路，可王子还是像刚才一样悲伤，一个字也不说。过了一会儿，小破烂又问他为什么不说话，要他问自己脑袋上为什么戴着那顶难看的兜帽。

"你为什么戴着那顶难看的兜帽？"王子问。

"这是难看的兜帽吗？没有哪个新娘有这样闪亮的金王冠。"小破烂说完，兜帽就变成了王冠。

他们又骑了很长一段时间，王子还是很悲伤，很沉默。他的新娘又问他为什么不说话，要他问自己为什么长得这么丑。

"啊！"王子问道，"你为什么这么难看？"

"我难看？"小破烂说，"你以为我妹妹美，可我比她美十倍哪。"王子一看小破烂，发现她变成了世间绝无仅有的美人。

就这样，他们在婚礼上携手举杯痛饮。如果你抓紧时间跑去国王的官殿，说不定你还能喝上一杯婚礼的淡啤酒。

故事以一对没有孩子的皇室夫妇开头。无法带来新生命的不育状态就是故事的支点。没有血缘关系的养女和她的乞丐朋友是故事中双胞胎的伏笔与分身。养女虽然玩着一只金苹果，但是只有当乞丐女孩出现，两个女孩互相抛接苹果时，一切才开始发生改变。我们可以把金苹果看作是生育、永生或完整的象征。

## 对成长许下承诺

我们可以把童话或梦境里出现的双重元素理解为向意识整合靠拢。本故事中的双胞胎女孩有两对。故事里的王后为孕育出结晶可谓竭尽全力。她收养了没有血缘关系的小丫头，为的是体验做母亲的滋味；听说乞讨妇能帮她怀孕，她便克服身份上的差异，同那妇人搭话。

在我的来访者和朋友中，有些人确实怀孕困难，我在她们身上见识过这种坚定的承诺与强烈的意志。哪怕是违逆公序良俗，她们也不惜一切代价要成为母亲，对此，她们许下了完全的承诺。借助辅助生殖技术也好，领养也罢，很多无法怀孕的女性为了得到渴望的孩子都会踏上漫漫征程。尽管这种执念有时会引起亲友或社会的议论，她们还是会怀着热情，坚守承诺，追随内在的指引。有的来访者对自性化旅程也会展现出同等程度的专注和承诺。他们会忠实地记录梦境，每周都来咨询，即使这个过程艰难且往往非常痛苦。

王后想要孩子，为此她可以违背常规。从这一点我们就能看出，王后具有向黑暗面敞开的潜力。她没有被王后的面具人格束缚，她愿意和乞讨妇交谈。

前一章聊到的西非童话里有领养孩子会带来怀孕的情节。在现实生活中，这种情况似乎也经常出现。以下引文来自一份医学杂志：

> 长期以来，似乎有这样一种近乎神话的说法：领养，甚至只是决定领养，就能提高不孕妇女怀孕的概率。一些不孕妇女声称，想领养小孩就是为了看看能不能怀孕。笔者曾在诊疗时接待过一名病人，她甚至认为自己不孕症的终结源于家里的宠物狗生了一窝小狗崽！ [1]

adopt（领养）一词源自拉丁文，意为"为自己做出选择"。选择

---

[1] Francois M. Mai, "Conception After Adoption: An Open Question," *Psychosomatic Medicine* 33, no. 6 (1971): 509.

领养，就是做出严肃甚至是神圣的承诺。真正的领养行为是具有永久约束力的。领养和怀孕最明显的区别就在于，领养一定是一种有意识的选择。即使在没有打算甚至是不愿意的情况下，女性依然可以怀孕。可是养母为了得到孩子，却必须采取行动。

王后听信了乞丐女孩的话，这就表明故事里的"双胞胎"女孩有两对。双胞胎女孩的题旨在故事中成了双重元素，这也是为了强调两个面是缺一不可的。只要有光明和美好，阴影就会随之而来。我们需要黑暗来平衡光明。故事生动地指出，正是在繁殖的对立面，在光明和阴影之间，新生命才能萌出。没有血缘关系的养女和破衣烂衫的乞丐女孩抛接金苹果，象征的是对立面之间的张力维持着一种动态的平衡。当王后看到这一幕的时候，她便敲窗叫孩子们过来。正是这个行动终结了皇室夫妇不育的状态。

## 复原力源自黑暗

被意识人格否定并掷入黑暗的东西掌握着复原力的关键。因此在本故事中，知道怀孕秘诀的人是一个乞讨妇。王后必须在两个水桶里洗澡，再将脏水倒在床下。这是在又一次强调，从被拒绝的东西，即洗去身体污垢的水中，才能萌发新的生命。

床和夜晚、性欲及无意识相关。床底通常是布满灰尘的黑暗角落，用来藏匿或储存物品。王后在这里又一次与阴影对峙，这次对方以丑花的形态出现。和遇见乞丐母女时一样，王后的态度也是前后矛盾的：起初她表现出厌恶和抗拒，但接着她便表示愿意接受阴影可能给予的东西。她没有犹豫太久便迎接了阴影——她吃掉了黑花。当我们在母亲之旅中向生命的阴影面敞开时，我们会发现复原力与新潜能可以在意想不到的地方萌芽。

借助阴影去滋养复原力和新生命是童话中常见的题材。在《比安卡贝拉与蛇》中，王后一直无法怀孕，直到蛇进入她的子宫。长发公主的母亲怀上了渴望已久的小孩，与此同时，她便卷入了和巫婆的黑暗契约，而这个巫婆的花园里种植的正是延命草。德国童话《黑公主》同样以没有孩子的国王和王后作为开头。

> 王后渴望小孩，但始终得不到。小镇的河上有一座桥。桥的右岸竖着十字架，左岸是路西法[①]的石像……王后定期在桥上向着基督哭泣祷告，求一个孩子。可不久，她便厌倦了这无果的祷告，决定求助于恶魔。就这样，三个月后，她发现自己怀孕了。[②]

这个故事中的新生命也源自黑暗面，并且两个对立面之间的分裂更加极端。阴影离意识更远，其特征也更具原型色彩，因为代表它的是路西法而不是乞讨妇。可想而知，相较挪威童话，《黑公主》中对阴影的救赎会更加艰难和血腥。

以下的梦境来自一位怀孕八周的女性，它说明阴影具有生产的能力。

> 我在地铁的下层。一个年轻的黑人女性给了我一颗钻石。我把它放进口袋深处，不想让人看见，怕他们来偷。我走到

---

① 典籍中的路西法是堕落天使，等同于恶魔撒旦。——译者注

② Marie-Louise von Franz, *Animus and Anima in Fairy Tales* (Toronto: Inner City Books, 2002), 67.

上层，感觉安全多了。[①]

造梦者将钻石和怀孕联系在了一起。白种美国人做这样的梦并不出奇，因为梦中和蒙尘宝物相关的是非裔美国人。在美国，非裔美国人长期以来背负着文化的阴影，他们往往被当成白人文化的替罪羊。造梦者在黑暗的地下场域从代表阴影的女子手中获得珍宝，从心理学的角度来看，说明单靠意识人格无法萌发新生命。我们在母亲之旅中会得到这个教训。

如果你惯于循规蹈矩地去生活，成为母亲之后你就得采取新的姿态，你要向此前不曾珍视过的自我敞开。眼下女性在生育方面的问题日趋增多，这跟我们的文化对阴影往往持有的片面看法至少在某种程度上是相关联的。当女性为追求事业或学业而推迟生育时，她也许就是把生育能力视为理所当然，以为想生随时可以生。在很多语境下，女性会觉得承认自己想生孩子是一件难堪且幼稚的事。心理学家达夫妮·德·马尔内夫（Daphne de Marneffe）写道，在我们的文化中，母性和欲望通常不会出现在同一个句子里[②]。像童话里的王后那样承认自己渴望孩子，就是放下一部分意识自我的狂妄，将自我敞开，去迎接被低估的本能智慧。不仅如此，通过把自己交托给乞讨妇，王后还变得更为谦卑了。当我们承认自己对怀孕的渴望时，我们的意识自我也会变得谦卑，因为我们认可了这样一种处于意识控制之外的渴望。我们必须将自己交付给不可知的肉体运作。

传记作家凯瑟琳·林纳德·索珀（Kathryn Lynard Soper）描述了她

---

[①] Regina Abt, Vivienne MacKrell, and Irmgard Bosch, *Dream Child: Creation and New Life in Dreams of Pregnant Women* (Einseindeln, Switzerland: Daimon Verlag, 2000), 79.

[②] Daphne de Marneffe, *Maternal Desire: On Children, Love, and the Inner Life* (New York: Little Brown, 2004).

亲身体验到的"生育饥渴",那是一种从灵魂深处涌现的感觉。原本在意识自我的驱动下,她对事业和学术方面的成就抱有期待,但是这种饥渴的感觉在某种程度上与之形成了冲突。

　　和里德订婚后,我们讨论过未来要生几个孩子,不过得等我拿到梦寐以求的博士学位,也许到那时我真的会想当一个妈妈。

　　但那是我第一次见到新生儿前的想法。

　　婚礼过后,我和里德搬进了杨百翰大学附近一座公寓的地下室,隔壁住着我们的好友路易斯和伊娃。在八月一个炎热干燥的早晨,他们把第一个孩子抱回了家。我去敲门,伊娃应声开门。她看上去双眼无神,披头散发,身材浮肿。但当她回头瞥上一眼时,脸上却迅速浮现出确凿的微笑。在她身后,我看到一张棕色的羊毛毡,上头平铺着粉色的小毯子,小毯子上有一个婴儿在熟睡。我迈腿往前走,眼睛直勾勾地望着面前这个有血有肉,小得不可思议,也丰沛得不可思议的生命。

　　我坐在小毯子边,伊娃也轻手轻脚地靠了过来,她尚未从分娩痛中恢复。我们看着宝宝的胸口轻柔地起伏,看着她在睡梦中因惊跳而抖动的手脚。时间慢了下来。当时是炎热的夏天,宝宝穿得很轻薄,粉色皮肤焕发出的光彩照亮了整间屋子,洗去了老旧的家具、黄色的油毡地板和镶着暗色嵌板的门所带来的沉闷。那光亮触动了我,让我头晕目眩……

　　婚礼六个月后,我告诉导师,不需要写推荐信了。我不念博士了,我要去生孩子。导师闻言大摇其头,对我屈服于"文化压力"表示失望,因为摩门教徒对年轻夫妇的期盼就是尽早生小孩。可她错了。这份始料未及的对孩子的渴望并不来自任何外力或外人。那是一种深切且真诚的欲望，来自最深切和真诚的自我。我对它给予充分的信赖。[1]

索珀的新生儿初体验带有极强的努秘（numinous）意味[2]。她素来专注于学术成就，因此她的阴影就是对孩子的渴望。

## 阴影之子

故事继续发展。小破烂马上就认出了王后，她大喊"妈妈"。王后没有把小破烂视作自己的小孩，可小破烂却知道王后是她的母亲。第一次察觉某种阴影内容时，我们可能会感到陌生甚至恶心，会拒绝承认和它有血缘关系。可是当携带这一阴影特质的人是我们的小孩时，否定它就变得很难，因为我们没法否认那是我们自己的小孩。我们会很不舒服，因为这样一来，我们就很难用剥离它的方式去回避认识这部分自己。我们不得不去思考，也许这些讨厌的特质未必来自"他者"。

如果小孩不止一个，我们总会忍不住在心里将他们区别对待，将某些特质投射给一个孩子，另一些则分配给另一个孩子。在极端情况下，会像我们的童话一样出现光明之子和阴影之子。英国精神分析学家罗兹卡·帕克（Rozsika Parker）在著作《一分为二》（*Torn in Two:*

---

[1] Kathryn Lynard Soper, *The Year My Son and I Were Born: A Story of Down Syndrome, Motherhood, and Self-Discovery* (Guilford, CT: Globe Pequot Press, 2009), 117–118.

[2] 德国神学家、宗教学家鲁道夫·奥托提出的概念，指"剔除了道德与理性后所遗留的神圣体验"，是一种结合了畏惧和向往的原始情感。——译者注

*The Experience of Maternal Ambivalence*）中讲述了一位名为梅芙的女性与其双胞胎女儿的故事。梅芙看到双胞胎女儿之一凯茜时，会觉得她是家庭的一员。可另一个女儿科拉尔在她眼里却像个外星人。和《小破烂》里的王后一样，在孩子们出生的那一刻，梅芙就自然而然地将阴影投射到了双胞胎的其中一个身上。梅芙会觉得科拉尔在虐待她。当科拉尔还是小宝宝时，如果梅芙没等科拉尔吃好奶就给她换尿布，科拉尔就会大发雷霆。梅芙口中的科拉尔专横而轻率，那些都是她拒绝承认的自我。被否认的自我特质就像令人憎恶的负担那样传了下去。而梅芙发现凯茜身上有很多自己的优点，虽然也和自己一样容易抑郁。梅芙将所有脆弱的部分和有价值的部分放到凯茜身上，将所有无法接纳的愤怒和贪婪放到科拉尔身上。梅芙发现，自己和科拉尔共用一个愤怒容器。

和《小破烂》故事里写的一样，漂亮女儿具备有价值的特质，同时也非常脆弱，需要保护。科拉尔拥有的特质令人厌恶，但她强大机智，和小破烂一样勇敢无畏。比如，凯茜学习阅读的时候从来不读有巨人或巫婆的故事。书里如果有《小红帽》的故事，她甚至都不敢翻开。梅芙给她买过一本非常漂亮的《水孩子》，可她觉得太恐怖了，梅芙只好把书给了科拉尔。科拉尔喜欢那本书，她看恐怖片的时候眼皮都不眨，邪恶的巫婆吓不倒她。

科拉尔不需要害怕巫婆。也许因为她和小破烂一样是阴影之子，她们跟巫婆本来就很相似。科拉尔可以勇敢地面对母亲害怕的东西，这样一来，她便以积极的方式活出了梅芙不曾拥有的生命。如果梅芙能让科拉尔在这个层面上引导自己，她也许就能和自身的专横、轻率、愤怒、贪婪与无畏建立有意识的联结，从而看到这些特质中隐含的积极面。如果她能获取这些曾令她厌恶的能量，她也许就会发现自己不必常陷抑郁。

随着小破烂和妹妹一天天长大，王后对这个阴影元素产生了犹疑。她几乎没法正眼看她，想把她赶走。从心理学的角度来看，这就是说看到阴影是很困难的，我们更愿意把这些被视为无法接受的自我隐藏起来。然而这是不可能的。你不能只拥有一个面。正如小破烂和她的漂亮妹妹那样，只要双胞胎中的一个在场，另一个也会出现，谁也无法把她们分开。

结果证明，幸好王后拥有这样一个野性十足、生机勃勃的阴影小孩。巫婆们来的时候，王后不仅不知道该如何应对，甚至还想闭目塞听。小破烂把母亲拖出了这种状态。她逼母亲说出了整件事，并且她知道该怎样做。荣格学派分析师默里·斯坦把阴影比作国家的"秘密间谍系统"。该系统的运作"不需要上级明确知晓，因此上级可以否认自身有罪。"[1]（与之相似的是本章前面提到的塞莱娜梦到了联邦调查局。）于是小破烂为高贵的王后干了"脏活儿"。她骑着山羊冲出去驱赶巫婆。最清楚该如何应对困境的往往是我们的阴影面。它们仿佛一直站在我们身后等待，当意识人格遭遇危机时，它们便派上了用场。只有阴影知道怎样对付阴影。我们的人格中狂野不驯的一面与本能知识相通，那正是面对危机所需要的。小破烂迎战的是巫婆，由于她骑的是山羊，因此，我们早就知道她与这些地下世界的女性阴影元素类同。据说，中世纪的巫婆骑的就是山羊。

---

[1]　Murray Stein, *Jung's Map of the Soul* (Chicago: Open Court, 1998), 107.

## 走向完整

我的来访者玛妮也是得到过"阴影之子"帮助的母亲。作为功成名就的律师，玛妮一直追求卓越。她从一开始就对儿子抱有很高的期待，但儿子并不配合。"他从来就不是那种催得动的小孩，"玛妮若有所思，"他根本不在乎输赢。"起初，玛妮觉得很难受。按照她的展望，孩子的体育和学业都应该拔尖，但瑞安似乎一直我行我素。"他真是怪得要命！我们开车出去的时候，他能跟自己的脚搞怪地聊很长时间。"玛妮回忆道。瑞安长大一些之后，比起运动，他对剧院更感兴趣。完美的喜剧节奏感让他在高中就成了表演明星。玛妮感觉瑞安一直是她重要的老师，他帮她重新找到那份傻气和创造力。在玛妮的原生家庭里，这些特质从未得到过重视。

故事发展到最后，小破烂告诉国王，除非王子能娶自己，否则国王不能娶妹妹。这是阴影面在要求被接纳和承认。当它得到了接纳和承认时，它就会显露出真正的模样，用荣格的话说，阴影中 90% 是纯金。只要问对问题，就能带来转化。当我们怀着好奇而不是评判去接近没被爱过的那部分自己时，我们也许能第一次对之加以珍视。投射褪去，以前看起来羞耻低贱的东西终于显露出了真正的价值。

故事的结局是一场双重婚礼，象征着转化的圆满完成。由于正向阴影为我们保管的是与意识长久断联的重要部分，因此认识阴影能让我们与引领自我相遇。我们会变得更完整，更能实现独一无二的个体命运。向被拒绝的特质敞开也许很痛苦，但也会带来意识上根本性的转变。我们会质疑长久以来被视为理所当然的东西，如我们的价值观、偏好与优势。在适应父母与文化期待的过程中，我们创造出了一个虚假的自我。我们不再为"他"而活，而是要为那个一路走来不知何时失去联络的真实自我而活。

# 思考题

**Q1** 故事里的王后渴望有一个孩子。她一心想实现这个愿望，因此愿意做不符合王后身份的事，如吃掉黑色的花朵。你有没有因为极度的渴望而去做不符合你性格的事情以达到目的？最后结果如何？

**Q2** 小破烂出生时，王后很惊恐，想把她藏起来。你对自己的孩子有过这种感受吗？对自己的某个面呢？你性格中的哪个部分令你感到羞耻，想把它藏起来？

**Q3** 巫婆到城堡来的时候，只有小破烂知道该如何应对。在哪个领域，你的孩子比你更懂得应对？他／她身上的哪种特质可能是你从自身割除的？

**Q4** 如果我们有不止一个孩子，很可能有一个和我们很像，其他孩子则带有不被认可的特质。你有没有感觉跟哪个孩子更亲近？你的孩子里有谁是"阴影之子"吗？如果有，关于你自己，他／她有没有教过你什么？

**Q5** 小破烂被视为丑陋、古怪和不被需要的小孩。你在生活中有过这种感觉吗？这是一种什么感觉？对此你做了什么？

**Q6** 在故事的结尾，我们认识到只要问对问题就能看到小破烂闪光的本质。如果以正确的态度接近阴影，我们往往会看到它们巨大的价值。最近，你有没有欣赏过自己或孩子身上曾被视为绝对负面的特质？

**Q7** 孩子的哪种行为或特点会触发你厌恶、羞耻的情绪？你能在某些语境下看到这些品质的可贵之处吗？

第 6 章
# 具身地体验黑暗

不生孩子最大的好处绝对是你还能继续相信自己是个好人。一旦有了孩子，你就能明白为什么会有战争。

——罗兹卡·帕克在《一分为二》中援引费伊·韦尔登（Fay Weldon）的话

那不是我第一次对女儿发火，却是第一次越界，某样东西被不可挽回地打破了。女儿出生的前两年，我总是以无止境的耐心和温暖来回应她的需求。也遇到过考验，但总的来说，我认为自己是个好妈妈。

可有一天，这个想法变了。那天我很累，由于怀有八个月身孕，我已经几个星期没睡好觉了。女儿已经开始睡整觉了，但情况还不稳定。我的睡眠断断续续。午夜时分，我会因为脑海中奔腾不休的焦虑醒来，大概三四点再次睡着，接着五点半女儿就醒了。每天早上我醒来时都比前一天更加疲惫。我的妈妈朋友们总是悲惨地相互提醒，在《日内瓦公约》中，睡眠剥夺被定义为酷刑的一种。

那天早上，我麻木地下楼开始做早饭。女儿容光焕发、精力十足，高高兴兴地坐在地板上，翻着书，叽叽咕咕地胡言乱语，"读书"给自己听。我累得头晕眼花，煮咖啡和燕麦粥的时候就像电影里的慢动作。

我把女儿放进餐椅绑好。她发现窗户上有一只蜘蛛，便向我提问。

"蜘蛛怎么在屋子里？"她想知道。她的提问打断了我，我正在心里纠结要不要去办几件杂事。

"可能它喜欢待在这儿吧。"我说。我太累了，想不出更有趣的答案。

"为什么？"她问。一坨燕麦粥从她的睡衣前襟滑下，无可挽回地渗进了餐椅的缝隙里。开车是不是太危险了？我琢磨着。我读到过，严重的睡眠不足对司机的危害堪比酒精中毒。再说，我还有劲儿带小孩去大型超市吗？

"也许屋里有更多吃的，或者它不喜欢下雨。"我回答。

"为什么？"她又问。忽然我觉得留在家里好像更难受，出门至少能让我们俩都转移注意力。可家里有一大堆衣服要洗，我还得上网给侄女买礼物，还有好几个电话要打。最后我决定不出门，但始终在怀疑自己没有选对。对疲惫不堪的我来说，这个决定事关重大，但我却找不到正确答案。

"我不知道，亲爱的，行吗？它可能就是更喜欢这儿。"我的语气已经有些烦躁了。

"为什么？"她问。

我叹了口气，开始收拾碗盘。现在地板上也有燕麦粥了。我的思想习惯性地走向了担忧、内疚与自我怀疑。宝宝生下来以后，我怎么应付得了？我想。我擦着女儿脸上、手上和衣服上的燕麦粥，她则在我耳边尖叫，在我手里扭动。也许我的动作是有些粗暴。当然，我只擦干净了一部分，这就是说，待会儿沙发上也会有燕麦粥。如果把保姆调去周二下午，我想，周末多接待几名来访者，那么我的咨询工作就不会受到太大影响。我忍不住一直琢磨着该如何修改工作计划和保姆的时间表，盼望着能让一切井然有序。为了继续咨询工作和培训，就得让保姆多来。可现在保姆来的次数已经多到让我很愧疚了，要是连新生儿也得假手于人，肯定会让我更难受。

我坐在沙发上，恍恍惚惚地想那张堆着玩具和书的地毯得吸尘了。女儿把一只娃娃塞到我面前。"陪我玩！"她下令。我心不在焉地让娃娃走过咖啡桌，走向娃娃屋里的厨房。可女儿很快就不耐烦了，她专横地指示我得让娃娃爬上屋顶，我完全搞不懂是为了什么。

我渴望成年人的陪伴。要是有个家里也有女儿的邻居，我们一起散步该多好啊！可似乎全世界的妈妈都在上班，而女儿们都在托班。把我女儿送去托班会更好吗？可我不想送她去。为了休息一下，我打开了电视。女儿全神贯注地坐在电视机前。邻居的女儿就去了托班，这会儿可能正在玩刺激神经发育的手指谣游戏，而不是呆坐着看动画片。更多的愧疚，更多的恐惧，更多的自我怀疑，这些情绪混合着疲惫，制造出了一剂强效毒药——那是一种含有焦虑和自我怀疑的油腻混合物，憎恶在其中隐隐燃烧，眼看就要爆炸了。

"好了，小姑娘！"动画片播完时我开口了，试图让自己的口气显得既愉快又威严，"该关电视了。"我关掉电视，合上电视机柜的柜门。

如我所料，女儿开始尖叫。她疯狂地挥舞着双手，抓住了电视机柜，我简直担心她会把柜子拉倒压在身上。"你想出去玩吗？"我拉着她远离那台可怜的电视。我没精力去想什么创造性的法子来转移她的注意力。暴风雨来得更猛烈了。女儿脸涨得通红，嘴歪到一边，开始号啕大哭。这才早上八点，可对我们来说已经是一个漫长的上午了。恼火的女儿抓起咖啡桌上的一张纸撕了起来。那是杀虫公司的合同，我花了几周时间才搞定，卖房的时候我们需要出示这份文件。其实我气的是自己，我不该把那张纸放在咖啡桌上，但那时的我已经无法做出这种程度的觉察了。怒火喷涌而出。

"你再撕！"我咆哮起来。宣泄的感觉真爽！女儿的小脸露出恐惧的神色。某个部分的我看到了、退缩了，可是已经开闸的滚烫怒火是没办法撤回的。我跪在地上，贴近她的脸。"不准撕！"我用最大的音量狂吼，脸因不可抑制的愤怒而扭曲。女儿在惊恐和混乱中一边后退，一边哭泣。她吓得呕吐起来。

所有怒气顿时烟消云散，只有悲伤留了下来。我哭着抱住她，向她道歉。我记得当时我在想，就在今天，我发现自己不是好妈妈。我看到了自己的阴影。

## 目睹阴影

母亲之旅是为数不多的能让我们清晰目睹自身阴影的生命体验，因为它会把我们推入极端的情绪状态。无论你是被有自毁倾向、似乎永远不能按时交作业的青少年激怒，还是对不会交朋友的学龄儿童感到失望，你总会在不经意间对孩子产生强烈的负面情绪。孩子会不可避免地激活我们的阴影面。只要肯说实话，大部分家长都会承认，没想到自己会对孩子表现出如此强烈的愤怒、仇恨和残忍。我在生孩子以前从未经历过那种原始失控的狂怒，可那次之后却会时不时地来上一次。

灵魂深处的能量和我们有意识地呈现在世人面前的自我有着很大的区别。在井底徘徊的我们，的确会遇到不少可怕和陌生的东西。面对这些此前从未体验过的激烈情绪，想要不被它们控制也许是非常困难的。正如前一章所说，在母亲之旅中，我们无疑会有很多把隐秘的阴影投射到孩子身上的时刻。我们也会有人格面具被汹涌而至的原始情绪冲走，自身被阴影霸占的时刻。每到这种时候，我们往往会认识到自己最糟糕的一面，因而感到羞耻。

正如本章开头所引用的费伊·韦尔登的话，母亲之旅必然会带领我们进入人性中更加陌生与深邃的层面，即最能做出毁灭性的背德行为的层面。要想理解为何会有战争，我们就必须知道我们的暴力和破坏性能达到什么程度。从智识的层面我们能够明白，基于人类的劣根性，人从理论上说就是会做出可怕的事，不过我们也许从没跟这个部分的自我相遇过。2001 年，安德烈娅·耶茨（Andrea Yates）在浴缸里淹死了自己的五个孩子。专栏作家安娜·昆德伦（Anna Quindlen）针对此案在《新闻周刊》上发表评论，引起了一番热议。在这篇标题为《不眠不休地扮演神》的评论文章中，昆德伦承认，大多数女性都能在某种程度上理解耶茨的杀意。

> 每个被问及耶茨案的母亲都有同样的反应。她震惊，她骇然。接着，她会露出那样一种表情。那表情像是在说，从某种禁忌的层面，她能理解。那表情像是在说，她体会到了

> 两种截然不同的恐怖：一种是对母亲痛下杀手感到不可思议；
> 另一种则是完全可以想象和五个七岁以下的小孩待在同一个
> 屋檐下会怎样静静地把人逼疯。①

尽管我们中的大部分人永远不会真的对孩子去实施这股杀意，但若扪心自问，我们中的大部分人至少幻想过怀有这股杀意，哪怕只是短短一瞬。母亲之旅很可能会将我们内心中的深层无意识暴露出来，所谓"恶魔"就蛰居在那里。

印度教万神殿中的迦梨女神（Kali）既是仁慈的好妈妈，也是具有毁灭性的坏妈妈。处于慈爱相时，迦梨能赋予生命，带来滋养。她右手握着镶珠嵌玉的美丽金勺，左手拎着丰沛的桶，为所有孩子送上甜美的米浆。对我们中的大多数人来说，对这种能量以及它所唤起的情感产生有意识的认同是很简单的。然而在某些时刻，我们会感到恐惧，因为我们对孩子表现出了强烈的愤怒、仇恨和冷酷。我们在这些时刻所体验到的，就是坏妈妈的原型能量。

迦梨女神的灭绝相是面容憔悴、阴森可怖的母夜叉。她的脖子上戴着骷髅项链，贪婪地吞噬着受害者的五脏六腑。我们在生孩子之前，可能并不知道自己拥有迦梨女神的黑暗面。我记得在生孩子之前，有人曾问我是否能对施虐产生认同。老实说，当时的我真的无法在自己身上看到这一面。可那天，朝女儿发火这件事确实让某部分的我感到享受，即便只有一小会儿。当我们体验到这种能量的时候，我们中的大部分人都会感觉自己是被某种外力控制了。我们很不愿意承认这些情绪是我们自己的一部分。

---

① Anna Quindlen, "Playing God on No Sleep," *Newsweek*, July 1, 2001.

处于阴影面的原始情绪，比如愤怒，是会带来问题甚至毁灭的。它们会引发道德上的顾虑，尤其是在孩子们身边出现的时候。但是，如果我们不允许迦梨女神进入心灵的地下王国，我们不仅会失去她活跃的能量，还会有被她掌控的危险，因为我们没与她建立起有意识的联结。无疑，她是危险的，我们当然不该任由她在心灵的版图上肆意游荡。那么，该怎样跟这种能量建立联结呢？该怎样将她整合，做她的主人呢？

爱尔兰传说《长角的女人》也许能引导我们去思考，该怎样和这种黑暗的原型阴影能量建立起最好的联结，给我们启发。故事讲述的是一位母亲和这种可怕力量的相遇。

**启蒙故事 Enlightenment**

### 长角的女人 ————————————————

一天夜里，一个有钱的女人正在熬夜梳理和制备羊毛，家人和仆人都睡了。突然有人敲门，一个声音在喊："快开门！快开门！"

"谁啊？"屋子里的女人问。

"我是一只角的女巫。"那声音回答。

女人打开门，一个额头上长着一只角的女人走了进来，手里拿着梳羊毛的梳子。她一言不发地坐在火炉边，开始以极快的速度梳羊毛。突然间，她停下来，大声说道："其他女人去哪儿了？怎么还不来？"

这时又响起了敲门声，和之前一样，又有一个声音喊道："快开门！快开门！"女人感觉自己有必要起身开门，转眼间，第二个女巫也走了进来，额头上长着两只角，手里拿着用来纺线的纺车。"我是两只角的女巫。"她说，接着便以闪电般的速度纺起了羊毛。

就这样，敲门声次第响起，女巫们鱼贯而入。最后，火炉边一共坐着十二名女巫，第一名长着一只角，最后一名长着十二只角。

她们又梳、又纺、又织。她们唱诵古老的歌谣，但是不说话。这家的女人吓得呆若木鸡。她想呼救，却发现自己既不能动也不能说话，因为她已经中了女巫的咒语。

这时，其中一个女巫对她说："起来，给我们做个蛋糕。"女人寻找水桶，好从井里打水和面团。但她没找到。

女巫们对她说："用这只筛子打水。"女人拿着筛子来到井边，可水都漏了，女人便坐在井边哭了起来。这时一个声音说道："把黄泥和苔藓混在一起，糊在筛眼上，就存得住水了。"女人照办了，筛子盛满了做蛋糕用的水。

那声音又说："回屋以后大喊三声'芬尼亚女人的山着火了，火光满天'。"女人照办了。

屋里的女巫听到喊声，发出了可怕的哭号。她们疯狂地颤抖着，冲出屋子，逃回家去了。接着，水井精灵便告诉女人，要是女巫们回来，该怎样保护这个家。

首先，女人把孩子们的洗脚水洒在门槛上。之前她离开的时候，女巫们在面粉里加入她睡着的家人的血，做了一个蛋糕。女人就掰碎这蛋糕，放进每个睡着的人嘴里。睡着的孩子们尝到蛋糕便醒了。然后，女人把女巫们织好的布一半塞进箱子，一半搭在外头。最后，她用粗大的横梁卡上门栓，让大门紧闭，好叫女巫们进不来。做完这些，女人就等着。

女巫们很快便回来了。她们怒气冲天，喊着要报仇，命令女人将门打开让她们进去，可女人做的准备工作抵消了女巫的咒语。女巫们终于气冲冲地离开了，女人和房子总算安全了。其中一个女巫逃跑时落了一件披风，女人留下了这件披风，以纪念这个夜晚。她的家族将这件披风代代相传，一直保存了五百年。

这些用"疯狂的速度"梳理和纺织羊毛的女巫们在午夜时分占领了女人的家，当时女人正在单独活动。独处的时候，我们无意识的情绪更容易爆发。很多妈妈白天在外工作，夜里回家照看孩子，然后发现别人都睡了的时候她还得叠衣服或加班。这个女人会有什么感受？她熬着夜，疲惫又渴睡，其他人睡着了，但她还得继续长时间地工作。可以想象，她肯定是一边干活儿，一边想着自己的处境，想着这种不公平，每梳一下羊毛，心里的怨恨就增加一分，就这样逐渐累积，最终响起了敲门声——黑暗的原始情绪终于登场，可能就包括愤怒。对女儿发火的那一天，就是女巫们第一次敲响了我的门。

当我们进入这种愤怒的时候，会感觉意识自我就像中了魔咒。我们会看着自己做出明知不该做的事，却无力去阻止。发现意识自我失去掌控会让我们感到羞耻、愧疚。我们看到自己的心灵原来如此分裂：一部分对正在做的事表现出极大的抗拒，另一部分却乐在其中。

## 愤怒

根据我的经验，无论我是以朋友还是咨询师的身份，其他妈妈们都不会跟我详细讨论愤怒，这让我颇受打击。因为如果从我和其他妈妈们有过的谈话来判断，我会认为只有我曾失控到那种地步。我还得懊恼地承认，那也不会是最后一次。妈妈们当然会承认自己发过脾气，但她们几乎不聊细节。难道我刚才说到的事件很不寻常吗？我想并非如此。

有的作家有勇气分享愤怒的经历。但令人玩味的是，这类讲述大多会以幽默来中和，就好像母亲的愤怒是太过危险和吓人的威胁，要是不加点笑声使之正常化，令人根本无法承受。不过，我还是找到了几则私人讲述是没有诉诸幽默的。在《越过沙滩上的那条线：妈妈们可以被气成什么样？》一文中，埃莉萨·斯坎裴（Elissa Schappell）记录了这样一个夜晚：同时应付工作和尽家长义务的紧张而漫长的一天过去了，她要哄两个孩子睡觉。儿子迈尔斯朝她扔了一本书，正好砸中了她的眉骨。迈尔斯笑嘻嘻地瞧着她，想看她接下来会怎么做。

> 压力、愤怒混杂着内疚，我脑门上的血管突突直跳，让我头晕目眩。一怒之下，我冲上床梯，想扼住迈尔斯的喉咙。他和伊莎多拉迅速后退，靠在墙上，想躲开我的手。现在他们知道事情严重了，从表情就看得出来。我想把迈尔斯摔下

床，最好把两个孩子都摔下去。我简直迫不及待了。我的胸中涌起一股来自地狱的仇恨，促使我发出可怕的声音，仿佛这丑陋的念头在我心中酝酿已久。我开始冲着孩子们咆哮。

好似慢镜头一样，我看着孩子们的脸显露出恐惧和震惊。迈尔斯尖叫。伊莎多拉把脸埋进胳膊。"我害怕！"她嘶哑着嗓子哭喊。

"很好！"我发自内心地狂吼，"就是要你们害怕！你们就该害怕！"

可我也很害怕，我害怕自己伤害他们，害怕无法从自己手中保护他们，害怕此时此刻对他们爱恨交加的自己……"妈咪，"伊莎多拉抽泣着，满脸是泪，"请住手，求你了。你吓着我们了。"

妈咪，请住手！女儿的乞求如同一柄小刀，咔嚓一声割断了电梯的线缆。我的愤怒开始自由落体，徒剩巨大的空虚和满腔的沉默……①

当我们被这种黑暗的原型能量抓住时，我们很可能会感觉就像是遭到了它们的吞噬。这是很可怕的，发现自己竟然能愤怒到此等地步，感觉自己一时之间被这种怪兽般的能量占据，并且对此无能为力。

斯坎裴的愤怒在女儿的乞求下唐突地停止了，正如我的女儿用悲伤切断了我的怒气。迦梨女神有个故事讲述的正是这种体验。迦梨女神奉命杀死恶魔。于是她割下恶魔的头颅，拎着它在战场上舞蹈，可

---

① Elissa Schappell, "Crossing the Line in the Sand: How Mad Can Mother Get?" in *The Bitch in the House: 26 Women Tell the Truth about Sex, Solitude, Work, Motherhood, and Marriage*, ed. Cathi Hanauer and Ellen Gilchrist (New York: Perennial, 2003), 202 – 203.

她平静不下来，眼看就要在一怒之下摧毁整个宇宙。湿婆奉命来消解迦梨的怒气。他化身哭泣的婴儿，躺在迦梨女神的必经之路上。婴儿唤醒了迦梨女神的母性本能。迦梨女神前去安抚哭泣的小孩，怒气随即烟消云散。在母亲之旅中，当照顾和安抚孩子的本能被激活时，我们就能走出愤怒。

和上文引述的个人经历一样，故事里的黑暗力量也给家里的小孩带来了毁灭——巫婆用孩子们的血来做蛋糕。这种能量必须小心处理，否则它会摧毁我们自己或我们亲近的人。

## 愤怒的好处

尽管如此，这些女巫们无疑也有积极的一面。通过跟她们相关的那些意象，我们得知她们其实是强大的女神。这些女巫是纺线织布者。我们在前文见过这些譬喻。纺线与产出及助长生命相关。纺线和织布说明女神既有创造面也有毁灭面，就像迦梨女神那样。在毁灭面中，她剪断命运的红线。角则跟神力、攻击性、力量和保护相关。这些都是在创造方面有着重大意义的女神。把她们的力量从自己身上剥离，只会让我们付出沉重的代价。

有时养育小孩需要的不是温柔，而是火气和强势。正如《青蛙王子》的故事，公主把青蛙砸到墙上，结果这个暴力行为把低等生物变成了王子，愤怒往往就是这样一种具身化的本真性。打破咒语，重建联结靠的也许不是同情而是热情。有的时候我们可能不是通过爱，而是通过仇恨和愤怒与孩子们形成联结。有时候我们自己也需要通过仇恨和愤怒来感受和自己的联结。

当愤怒这种阴影情绪出现的时候，我们会比压抑它们的时候显得更加真实。归根结底，想建立真诚的联结，我们就需要真实，无论是和孩子还是和我们自己。我们的愤怒之所以重要，是因为它是真实的。

愤怒能帮你找到自己真正的观点。它能给你带来热情，让你可以站稳脚跟，设立边界，无论是跟孩子还是其他人。对孩子们发火也能教会他们怎样愤怒。女儿四岁时，我和贝丝交上了朋友，她也有一个四岁的女儿，名叫明迪。贝丝是一个相当审慎聪慧的人，小时候曾遭受过严重的虐待。她曾向我吐露，这件事使她深受创伤，因此怀孕时她发过誓，绝不对自己的小孩说重话。她告诉我，为了遵守诺言，她对自己实施了严格的自我约束。

有一天，我带着女儿去贝丝和明迪家。在孩子们玩的过程中，贝丝上楼待了一会儿。妈妈一走，明迪就把我女儿推倒在地。我非常清楚地看到了事情的经过。在我看来，明迪的攻击完全没有道理。女儿哭了。"不能推人，明迪。"我一边安慰女儿，一边对明迪说。就在这时，贝丝回来了。"明迪没推人。"她斩钉截铁地回答我，我一下愣住了，不知道该说些什么好。

显然，贝丝真心相信女儿不会攻击人。就好像她已经卓有成效地剥离了自己的攻击性，因此无法想象这事会出现在孩子身上。在这个家中，愤怒已经被卓有成效地逐出了意识场域，因此它可以不受管束地在无意识场域恣意游走，正如明迪背着妈妈的时候。触动我的地方在于，彻底抹除攻击性对明迪并没有帮助。她从没见过母亲愤怒的样子，因此从来不知道愤怒可以是正常和健康的，也不知道人们发过脾气之后还是能活下去。

贝丝和明迪事件让我想起了一则格林童话，讲的正是"好过头的母亲"。

## 甜粥

从前，有一个贫穷但善良的小女孩和妈妈相依为命，她们没有吃的东西了。于是小女孩走进森林，在那里遇到了一位老妇人。老妇人见小女孩很难过，就给了她一只小锅。只要对锅说"煮饭吧，小锅，煮饭吧"，小锅就能煮出香甜可口的粥来。接着，只要说"停下吧，小锅"，锅就会停止煮粥。小女孩把锅带回家给母亲。现在她们再也不必担心贫穷和饥饿了，甜粥应有尽有。有一天，小女孩出门了。母亲说"煮饭吧，小锅，煮饭吧"，锅便开始煮粥。母亲吃饱以后想让锅停下来，却忘了该说什么。于是那锅就煮啊煮，一直煮到粥从锅里溢出来都没有停止。厨房乃至整间屋子全是粥。接着，粥漫到邻居家，漫到大街上，像是要喂饱全世界的人。这下可遭殃了，但没人知道该怎么停止。最后小镇上只剩一间房子还没被淹的时候，小女孩终于回家了。她说了句"停下吧，小锅"，锅便停了，不再煮粥。现在镇上的人想回家，只能边吃边走啦。

这是一个关于"好过头的母亲"的故事，提醒我们那会带来怎样的破坏与危险。故事中的母亲不知道该如何叫停，于是甜粥就给整个小镇带来了威胁。是愤怒帮我们找到"不"，帮我们坚定立场，对那些给我们带来不快或破坏的东西叫停。

故事中造成破坏的是一口沸腾过头的锅，这或许并非巧合。贝丝不允许愤怒参与自己和女儿的关系，那么愤怒去了哪儿？它没准儿也沸腾了，黏糊糊的甜粥溢出来，填满整个房间，不留一丝呼吸的空隙。面对明迪的不当攻击，贝丝无法说"不"，因此女儿明迪就得不到帮助，不知该如何容纳这些冲动。由贝丝给出的愤怒很有可能帮助明迪把自身完全属于正常的敌意代谢掉，那样的话，孩子也能松一口气。

愤怒这种巫力同样可以用来保护孩子和我们自身的脆弱。苏珊·斯奎尔（Susan Squier）在短文《母性恶女》中描写了母亲之旅开启女巫之门的经历，而最后的结果说明这是一次救赎。"在我第一次婚姻的那个家里，"她从还没生孩子的时候写起，"我心中的恶女还在昏睡。她是没有彼得·潘的叮叮铃，在被遗忘的抽屉里日渐衰弱，光一分一秒地暗淡下去[1]，而我还夸自己能把她关得那么牢。"[2]这里的"恶女"我们完全可以替换为"阴影"。接下来，她解释说自己的父母素来不合，基于对他们的观察，苏珊得出结论："母亲之旅，不管它起到了什么作用，迟早要成为女性的负累。"[3]于是她决定不生小孩，免得"唤醒那个恶女"。在第一次婚姻中，她确实没生小孩，但她和第二任丈夫有了结晶。宝宝生下来的第四天，恶女初次亮相，那时作者和丈夫 B 正陷入

---

[1] 这一情节来自著名童话《彼得·潘》。叮叮铃是彼得·潘身边会发光的小仙子。彼得·潘在寻找影子时，不小心把叮叮铃关进了抽屉，并且有一段时间忘记了她的存在，最后在温蒂的提醒下才想起她，把她放了出来。——译者注

[2] Susan Squire, "Maternal Bitch," in *The Bitch in the House: 26 Women Tell the Truth about Sex, Solitude, Work, Motherhood, and Marriage*, ed. Cathi Hanauer and Ellen Gilchrist (New York: Perennial, 2003), 205.

[3] Susan Squire, "Maternal Bitch," in *The Bitch in the House: 26 Women Tell the Truth about Sex, Solitude, Work, Motherhood, and Marriage*, ed. Cathi Hanauer and Ellen Gilchrist (New York: Perennial, 2003), 205.

苦战，因为母乳喂养不太顺利。作者号啕大哭，B慌了手脚，提出要去
商店买奶粉。

　　"这算什么帮忙？"我嘶吼着，"我不可能喂她吃奶粉！"
恶女回来了，帮我打这酣畅淋漓的一战。我用最尖酸刻薄的
语气向B灌输时下的普遍常识：好妈妈都喂母乳……B等着
我说完。"可有东西吃总比饿着好吧？"他说。

　　他简直太招人烦了。没错，他很冷静，我不冷静（这点
最让人生气）。不过，你猜怎么着？我不再号啕大哭了。我
突然发现，恼怒和无助是一对反义词……再说，恶女并不
坏啊，她很棒。没想到她竟然是我的好搭档。她颐指气使、
争强好胜，完全不会沮丧……B走出房门时似乎并没被她
吓倒。

　　十五分钟后他回来了，手里拎着购物袋，一脸得意……
"谢了，"我说，"不过我们用不着了。"就在B离开的那一小
会儿，埃米莉用嘴含住了我的乳头，大口吮起了奶。①

通过母亲之旅，苏珊交出"和善"的假我，取回了活力十足、机
智凶猛、能提供保护的阴影。和女巫的相遇让她得以汲取深层的女性
智慧，做到了给宝宝喂母乳。她的恶女和我们故事中的女巫一样，拥
有重要的积极面。

---

① Susan Squire, "Maternal Bitch," in *The Bitch in the House: 26 Women Tell the Truth
about Sex, Solitude, Work, Motherhood, and Marriage*, ed. Cathi Hanauer and Ellen
Gilchrist (New York: Perennial, 2003), 213－214.

## 哭泣

　　说回我们的故事。女人奉女巫之命拿着筛子来到井边。筛子以筛选的方式实现净化，因此它和自我认知、批判、挑选及抉择相关。然而，批判和自我认知若是过度发展便会变成迫害。尝试用筛子打水象征着情感的匮乏。这一刻，女人已经没有能给出去的东西。她没法从自身情感和关系的井中汲取水，因为舀出来就会立刻漏光。在母亲之旅中，如果我们自身已被耗尽，却还要试图怀着同情和孩子们重新建立联结，就会如同用筛子从井里打水。

　　故事的转折点出现在女人坐在井边哭泣的时刻。在童话中，只要女主人公坐下哭泣，帮助便会不期而至。哭泣是意识人格在承认无助。这种承认能开启无意识的引领。故事中的帮助来自水井精灵，经由它指导，筛子终于派上了用场。井象征灵魂深处的努秘智慧，往往与女神和女性能量相关。在凯尔特神话中，井连接着另一个世界，井水通常具有魔力。

　　陷入绝望会令深层的女性智慧得以涌现，它会带来帮助，告诉我们该怎样修复被损伤的分享关联性的能力。不需要魔力，只要普通的、属于大地的物质就能堵住漏洞，让情感不再流逝。只要完成了这个工作，我们就能着手将占据我们的破坏性情感驱逐出去。

　　原始直接的情感造访过后，故事中的女人在和阴影的对峙中低下了头，因此，她听到了水井代表的深层女性智慧的指引。我们必须穿过阴影才能抵达无意识中具有创造力和复原力的层面。在这个意义上，只有先与女巫发生冲突，之后才能听到水井精灵的话语。

　　那次爆发事件之后，我也在"井边"哭了一个多小时。我把女儿带去了游乐场，推着她荡秋千。我浑身瘫软，筋疲力尽。我在自己和女儿身上留下的淤青让我痛苦不堪。我认识的多数妈妈都把她们两岁的小孩送去了全天制托班，可我一直觉得为时尚早。但那天，我却突然感到也许确实该把她送去托班。过去两年，我一直以为自己是个好家长，可如果事实并非如此，也许我就不应该花那么多时间陪她。也许是时候把孩子交给专业人士了。但是我心里有个声音回应道："你不完美，并不表示陌生人就能做得比你好。"这个声音让我接纳了自己，也让我走上了一条艰难的道路，去维持两个对立面之间张力的平衡。我不是完美的母亲。我有阴影面，并且再也无法只认同光明面。但这并不说明我应该就此投降，不再全力以赴。

在游乐场回应我的声音告诉我，该怎样堵住筛子的眼儿。堵好眼儿的筛子并不完美，但够用了，我也是。归根结底，比起永远有一个完美的容器，用堵好眼儿的筛子把水带回家是更勇敢、更有爱的行为。成长中的孩子不会一直如你所愿。他们会令你失望，把你激怒，使你烦恼。明知有时会恨他们，因此有时也会恨自己，还能继续去爱他们，这才称得上是一项成就。

埃莉萨·斯坎裴的愤怒事件也遵循了这样的模式。起初，愤怒让她和孩子们失去了联结，她不惜一切代价也要行使愤怒的权利。接着，强烈的情绪消退，不配为人母的滋味取而代之。"我想哭……这么小的孩子有我这样的妈妈，对他们真是太不公平了。"最终，帮助她取胜的是愤怒中依然存活的对孩子们深深的爱。她取回了对孩子们的爱，并且认同了修补破损的冲动。

我上楼，给自己倒了杯红酒，然后坐在沙发上。我仍在颤抖。不管怎么说，我失控了。重点不在于我做了什么或没做什么，而是我可能做出什么。但是说心里话，尖叫的感觉太好了，真的太好了。即使在读了那么多书、做了那么多次心理咨询之后的今天，我仍然这样觉得。

几分钟后，我站起身，下楼去看孩子们。他们都睡着了，细细的月光抚摸着他们的脸庞。他们是完美的。

突然间，我很想睡到他们床上。我想蜷缩在他们身边，想让他们的胳膊搭在我脸上……我想在他们的耳边轻声说，妈咪爱你们，妈咪永远不会伤害你们。①

愤怒变成了悲伤和悔恨，它被暂时驱逐出去了，可是斯坎裴很不安，她知道它还会再来。与童话里的女人不同，没人告诉斯坎裴将女巫永远驱逐的魔法，那天在游乐场的我也一样。有什么办法能永久驱除这种破坏性的情感吗？我们应该那样做吗？

## 服侍巫婆

为了回答这个问题，我们要再读一则有关与黑暗阴影面的女性能量相遇的童话。在俄罗斯童话《美丽的瓦西里萨》中，瓦西里萨的母亲去世了，留给女儿一个能带来安抚和帮助的魔法娃娃。瓦西里萨的继母与继姐妹心狠手辣，一天夜里，她们密谋杀死瓦西里萨，便差她出去问雅加婆婆借火。雅加婆婆是掌管白日与黑夜的黑暗自然女神。和迦梨女神一样，雅加婆婆也是一个可怕的食人魔，她的小屋外的篱

---

① Elissa Schappell, "Crossing the Line in the Sand: How Mad Can Mother Get?" in *The Bitch in the House: 26 Women Tell the Truth about Sex, Solitude, Work, Motherhood, and Marriage*, ed. Cathi Hanauer and Ellen Gilchrist (New York: Perennial, 2003), 204.

笆是用人类的骷髅头和骸骨做成的。瓦西里萨找到她，并在智斗中获得了胜利。她侍奉了雅加婆婆，最后，雅加婆婆给了她一件赠礼——一个双眼燃烧的骷髅头。

瓦西里萨去找巫婆是奉继母之命，不是出自她的本意。不仅如此，她还带着魔法娃娃，事实证明它的确能带来护佑。瓦西里萨拜访雅加婆婆象征着冥冥之中，意识自我与黑暗力量至少存在一些有意识的联结。瓦西里萨从未失去理智，也没有被雅加婆婆下咒，虽然有的时候她会绝望。

造访雅加婆婆是危机四伏的可怕旅程，但也可能带来复原力。雅加婆婆令人畏惧，但也值得尊敬。在有她出场的其他故事中，英雄们甚至要寻求她的智慧和庇佑魔法。不过，哪怕她具备积极的特质，不到走投无路的时候，你也不会让她靠近。在《长角的女人》中，女巫们违逆了女主人的意愿，强行霸占了她的家。这种能量往往不请自来，并且不受控制，我和斯坎裴对此深有体会。它不是一次有意识的下行，而是暂时落入了原型能量的掌控之中，意识人格中了魔咒，无法夺回控制权。《长角的女人》中的女巫和阴影一样，都携带着复原的可能，但她们不在正确的位置。若站在道德的立场，水井精灵就是对的，女巫必须被赶回无意识的栖居地。

## 整合愤怒

与此同时，虽然女巫们应该回到她们最初的居地，但故事也告诉我们，她们的一部分能量被整合了，由此带来了治愈。女人把血蛋糕喂给家人吃。他们必须消化或摄入一部分女巫制作的食物才能苏醒。这个情节似乎在说，少量黑暗女神的食物是能够疗伤的。如果我们能整合一部分这样的阴影能量，我们就会获得新生。如果原型情绪如野马脱缰，吸走了孩子和家人的血肉，那么修复的办法就是去运用这部分血肉，让它们转化成滋养。

跌入这种原型愤怒之后，我们可以运用我们的悲伤和悔恨，把愤怒转化为修复的契机，这就像用血蛋糕来治愈我们的孩子。最新的育儿研究强调，决定安全依恋的关键与其说是找到协调与回应的最优解，不如说是修复。①

在修复的过程中，我们体验到的是自我的失而复得。在经历了破坏性的分裂之后，我们不单单是为了孩子才去修复关系，也是为了修补自己破损的自我感。

水井精灵的另一个训诫进一步告诉我们，该如何与原始阴影情绪建立联结。为了让这种能量留在正确的位置，我们必须接纳与珍视孩子的阴影。故事中，女人必须把孩子们的洗脚水泼上门廊。这种水里有脚上的污垢，通常会因无用而被丢弃，可事实证明，它具有保护的魔力。故事告诉我们，如果我们在孩子们最糟糕的时候仍能看到他们身上的闪光点，黑暗女神就能停留在正确的场域。

水井精灵还让女人把女巫织的布一半放在箱子里，一半放在外面。女巫编织的生命之布既不在里面，也不在外面，它介于两种状态之间。这个奇妙的意象指的就是要去维持两个对立面之间张力的平衡。我们不能理解得过于刻板，或执着于某个面。女人要去整合女巫织的布，但又不能完全吸纳。从心理学的角度来看，我们要留出愤怒的空间，但也不能让这种能量恣意妄为。

---

① Daniel Stern and Nadia Bruschweiler-Stern, *The Birth of a Mother: How the Motherhood Experience Changes You Forever* (New York: Basic Books, 1998).

最后，水井精灵让女人用粗大的横梁堵住大门。横梁不是驱赶女巫们的咒语，而是防止她们再次进来的物理障碍。故事在这里想告诉我们的是，我们可以运用强大的自我去抵御阴影面。虽然我们应该整合与获取一部分凶猛能量，但也要防止它无节制地摧毁心灵的家园。如果说提供血蛋糕与摆放布料象征着有意识地去利用阴影面，那么用横梁拦住大门则表明我们要去发展意识自我的力量。深呼吸、练习自我关怀、记录情绪，这些技巧都可以成为我们的"横梁"，帮我们拦住大门，保护孩子不受愤怒的伤害。

所有涉及黑暗女性能量的故事，女主人公都能带着宝物回归。瓦西里萨归来时拿着燃烧的骷髅头，它拥有巫婆的智慧，烧死了继母和继姐妹。瓦西里萨带回家的是她的意识部分（即光明面）与造访黑暗女神前所缺少的攻击性。《长角的女人》中的宝物是女巫的披风，它象征着保卫、奥秘和力量。穿上女巫的披风，就等于获取她的部分能量与权威。换句话说，就是与这种原型能量建立起了创造性的联结，不会被它吞噬或掌控。

在整合阴影的时候，我们会失去一些东西，也会得到一些东西。荣格认为，自性化的目标是完整而非完美。正如费伊·韦尔登所说，认出自身的阴影会让我们不再相信自己是个好人，不过这样一来，我们却能更加完全和彻底地去接纳自身不完美的完整性。

在我们的文化中，放弃全能慈爱的理想母亲形象对妈妈们来说是很艰难的，因为女性阴影向来遭到严重的抑制。把母亲之旅的光明面理想化的行为有着漫长的辉煌历史，至少可以追溯到神圣处女教①。在今天的流行文化中，这种行为依然非常活跃。每代新妈妈的面前都堆

---

① 指天主教中的圣母玛利亚身为处女却怀上了耶稣。——译者注

着教条式的育儿书籍。我们对亲子间的天伦之乐大加渲染，却不愿承认冲突与不和也是亲子关系的一部分。我们的文化对我们自身和母亲之旅都有着不切实际的理想化愿景，可阴影面——那些黑暗的、难以驾驭的甚至是恐怖的，同时也是真实与充满朝气的部分，却没办法跟我们建立起有意识的联结。

要想走向完整，我们就要有意识地和阴影建立联结。剥离厌恶的自我必然会牺牲成长与意识。自我认知的增长也许是你和自身阴影相遇后所收获的最大恩惠，它反过来又会让你成为更真实与实在的个体。"若无法投出阴影，我怎能算作实体？"荣格问道，"同样，要变得完整，我就必须拥有黑暗面。"①

## 思考题

**Q1** 你是否曾对孩子大发雷霆？出了什么事？事后你是什么感觉？你跟别人说过这件事吗？

**Q2** 女巫们进来后，女人既不能说话也无法移动，因为她中了女巫的魔咒。被强烈的情绪压制就像身中魔咒，你会做出不寻常的行为且无法阻止自己。最近，在你身上发生过这样的事吗？你做了什么？之后你是什么感觉？

---

① C. G. Jung, *Modern Man in Search of a Soul* (New York: Harcourt, Brace & World, 1980), 35.

**Q3** 故事里的母亲从水井精灵处获得了帮助。当你精疲力竭或烦躁易怒时，你会向内在的哪种能量寻求帮助以恢复平静？

**Q4** 用筛子取水是常见的童话题旨。它也许象征着内心能量的枯竭。和孩子们互动时，你是否曾感觉就像在用筛子取水？那是一种什么体验？

**Q5** 母亲喂孩子们吃女巫做的蛋糕，孩子们得以苏醒。对孩子发脾气以后，你会怎样寻求和解？

**Q6** 女人奉命用粗大的横梁堵住大门，防止女巫们进来。大部分家长都对孩子发过脾气，大部分人也会尽量避免发脾气。你会用什么技巧防止自己朝孩子发火？这些技巧管用吗？在你看来，它们为什么管用？又为什么不管用？

**Q7** 对孩子发脾气之后，你怎样修复你们的关系？

# Motherhood

## 第三部分

浮出水面

# 回归

我们将浮出水面，细数但愿能够取得的心灵宝藏，包括成熟的灵性、焕然一新的创造力，以及持久的内在权威感。

# 取得与永恒的联结

如果不知道这一点，人永远要挂虑神。

——《荣格演讲集》

　　《两只匣子》的女主人公从这趟井底异世界的旅程中幸存下来，成功通过各种考验，带着丰厚的馈赠回了家。因为她聪慧、勤劳，又愿意聆听异世界各居民的话，因此猫帮她选出了普通黑匣子。女孩在所住的鸡窝中打开小匣子，金银珠宝倾泻而出，堆满房间。在这场母亲之旅的试炼中，只要我们对内在生命保持敞开，就会收获巨大的财富——无价的智慧与持续的完整感，它们是我们立足人世的坚实基础。这样的智慧非同小可，它能从根本上改变我们和生活，以及我们和自己的关系。

　　发展出成熟的灵性是走向心理完整的重要组成部分。它要求我们能辨别从家族或文化中承袭的价值观，知道哪些该保留，哪些又该摒弃。发展成熟的灵性并不一定要投身宗教，但一定要有勇气去检视自身的价值观与信念，以理解我们在宇宙中的重要性与位置。母亲之旅为我们提供了绝妙的契机去想明白我们在宇宙中的位置。通过母亲之旅，我们也能对一直以来遵循的价值观加以重新审视。

## 重新定位价值观

在生孩子之前，我们也许一门心思忙着挣钱，或是在追求事业上的成功，因此成为妈妈以后，我们有时会感觉重心发生了转移，把我们转去了完全不同的方向。有的女性比较容易接受这种价值观的重新定位，甚至愿意这样。但另一些人却得放弃她们曾经最看重的东西，因而感到痛苦。如果我们一直以事业有成为目标，并且曾在职场收获肯定和赞许，那么面对母亲之旅所提出的截然不同的要求，我们会有降格感甚至是落败感。

我的来访者辛西娅在生孩子前是一位成功的商人。不到三十岁，她就开始攀登创业的天梯。辛西娅拥有名校学历，曾获各类奖项与表彰，在做母亲之前，她是一位卓越的成功人士。一次出差期间，她的第一个孩子在保姆看护的过程中受了轻伤，这让她不得不重新考虑优先级。她辞去工作，调整生活结构，做了全职妈妈。

回想起来，辛西娅说当时离开职场的自己十分迷惘和崩溃。"我不再知道自己是谁，"她告诉我，"没想到那么快，我就跟以前的下属和同事变得毫无关系。"一直以来，辛西娅什么都能做到最好，所以她认为照顾小宝宝根本不需要多想。她没想到这事竟然这么难。"在公司，我能搞定百万美元的单子，可在家，我都熬不过早饭。才早上七点半，可我已经觉得过了漫长的一天。"她说。

辛西娅的经历让我想起了阿尔贡金人的传说，讲的正是育儿带来的挫败感。

**启蒙故事** Enlightenment

## 格洛斯卡普（Glooscap）和小宝宝

格洛斯卡普是一位伟大的战士，拥有神奇的魔力。他从邪恶的青蛙怪手中拯救了世界，打败了恶魔、巨人与巫师。他战无不胜，觉得自己非常了不起！

有一天，他向一位老妇人吹嘘自己的不败战绩。"我是多么伟大，多么强壮啊！"他说，"没人能打败我。"

老妇人笑了，她警告格洛斯卡普话不要说得太满。"有个敌人你还没交过手哪。"老妇人说。

格洛斯卡普要求见见这个了不起的家伙，于是老妇人走进隔壁房间，抱出了一个小宝宝。她把他放在地上，小宝宝便坐着，咿咿呀呀地吸起了大拇指。格洛斯卡普微微一笑，这个恶作剧真是傻透了。原来，伟大的敌人只不过是一个小宝宝！

"小宝宝，到我这儿来！"格洛斯卡普下令。可小宝宝只是坐在地上咿咿呀呀地流着口水。格洛斯卡普模仿小鸟唱出好听的歌，想吸引宝宝的注意。小宝宝笑了，但还是没动。

格洛斯卡普从没被这样对待过。他很生气，开始对着小宝宝咆哮，命令小宝宝过来。这下小宝宝哭了起来。他哭啊，哭啊。格洛斯卡普把自己知道的最厉害的咒语全都念了一遍，甚至念了起死回生咒，但小宝宝哭得更厉害了。格洛斯卡普念出驱魔咒，小宝宝却哭得震耳欲聋。

最后，格洛斯卡普，这位伟大强壮的战士，只得认输。他一败涂地，大步离开了。小宝宝还在那里咿咿呀呀呢。

伟大的格洛斯卡普竟然斗不过一个小宝宝！在外部世界征服敌人需要指向性、攻击性和魄力。和孩子相处需要的却是完全不同的东西。因此，像辛西娅这样在生孩子之前征战职场的女性，会感觉母亲之旅格外艰难。小宝宝、幼儿与青少年挑战的是我们的控制感。职场看重的技能未必能让我们具备柔韧性、情绪调节能力以及与他人细心调谐的能力，而这些都是成功养育幼儿和青少年所需的。如果我们曾在学术界或职场上击败巨人与巫师，我们往往会自认为有能力应付一切挑战。对符合此类描述的女性来说，生孩子确实意味着她们终于遇到了对手。

## 落败

尽管母亲之旅会多次击败我们，但它会成为一次启蒙经历，让我们和有限相遇，也把我们和超越自身的存在联结起来。落败之后，我们的某个部分会死去。母亲之旅要求我们将从前的自己献祭，这样我们才能重生为更开阔的自己。这样的死亡总是痛苦的，大部分人都会抗拒。现有的生活、成就和兴趣可能让我们感觉舒适。我们已经建立起了自己的小王国，并不想推翻它。

生孩子之前，你也许感觉日常生活多半都在掌控之中。虽然也有工作压力大、遇到困难的时候，但起码你能决定注意力放在哪儿或如何分配时间。可当孩子出现时，我们无法控制的东西就太多了。无论你的孩子是慢吞吞的幼儿还是叛逆的青少年，你都无法完全掌控或威慑住他，可在某种程度上，你却必须对他负责，这就带来了大量的挫败体验。

在母亲之旅中，以这种方式落败会让人感觉支离破碎。我们凡事都要做到最好，可就是这件最重要的工作却完全做不到令自己满意，这感觉简直太糟了！有的女性不愿直面育儿的艰难，便选择与孩子断开联结以逃避母亲的身份。然而，只要我们能承受这种挫败，母亲之旅就能让我们得以扩展，为我们带来更多活力。它能带我们超越意识人格的极限，穿透我们的防御，推翻严密守护的自我感，撕碎对生活自以为是的认知。这样一来，便为我们开启了更广阔的维度，带我们走向更深刻的自我认知。借用诗人里尔克的话，我们通过"被打败，被决然打败，被永远更大的存在打败"[1]，才得以成长。因此，直面落败能引领我们与深处的灵魂相遇。落败总是不愉快的，但这样的经历能以具身化的方式帮我们扎根于意义感与使命感。落败是和灵魂相遇的方式。

总的来说，这样的落败是一种宗教体验，它能教会我们谦卑，告诉我们必须臣服于更伟大的意志。荣格晚年在信中写道："凡在我执意而为的道路上贸然闯入的，凡翻覆我的主观看法、计划与意图的，无

---

[1] Rainer Maria Rilke, *Selected Poems of Rainer Maria Rilke: A Translation from the German and Commentary*, trans. Robert Bly (New York: HarperCollins, 1981), 107.

论好坏，凡改变我生命历程的，我都将之命名为神。"① 意识自我的欲望如果在转折点遭遇到了挫折，其实，那就是与神明的相遇。

通向完整的大道往往和意识人格所选的窄路相去甚远，因此，我们需要经历挫败以开启身上更大的潜能。荣格有一句名言："要感知原型自我、意识自我就得落败。"② 这句话的意思是，只有当意识人格低头时，我们才能与内在的引领自我相遇。母亲之旅需要我们去接纳内在的引领与智慧，这个时候，我们往往会体验到意识自我的落败。

显然，辛西娅就是如此。在咨询过程中，辛西娅探索了对自己和生活的期待猛然间被推翻时自身的感受。刚成年时，她只构想过事业有成的人生，也为了实现这个目标去预备自己。起初，个人状态和生活结构的改变令她陷入黑暗，她拼命地在日复一日令人麻木的育儿劳动中找寻价值。但是经过调整，辛西娅逐渐看到了母亲之旅的深刻意义。如今回想起来，和孩子们在家度过的那几年是她这辈子最重要也是最充实的时光。

两个孩子都上学以后，辛西娅感觉是时候回归职场了。但这次，她知道她需要一份能发挥创意与好奇心的有意义的工作。"做全职妈妈的那些年重塑了我对自己的期待，"她说，"我不可能再去那种只关心利润的企业。"能干的辛西娅开创了一家非营利机构，专门帮助全职妈妈回归职场。她全身心投入这份工作中，并且这份工作的弹性工作时间也让她可以出席女儿的运动会。"我跟生孩子之前已经不一样了，"

① C. G. Jung, *C. G. Jung: Letters*, vol. 2, (1951–1961), ed. Gerhard Adler, trans. R. F. C. Hull (New York: Routledge, 1976), 525.

② C. G. Jung, *The Collected Works of C.G. Jung*, vol. 14, *Mysterium Coniunctionis*, trans. Gerhard Adler and R. F. C. Hull (Princeton, NJ: Princeton University Press, 1970), para. 778.

第一次咨询时她对我说，"我关心的事不同了。"对辛西娅来说，臣服
于母亲之旅的挫败带来的是价值观的重新定位，也带来了深刻的意义
感和使命感。

## 与永恒的关系

　　母亲之旅能让灵性走向成熟，对价值观的重新思考也许就是馈赠
之一，但它还能以更根本的方式将我们与灵性核心联结。撇去宗教倾
向或对特定信念体系的依附不提，要理解我们在宇宙中的位置，部分
取决于我们能否感觉自己跟某种大于自身的东西有关联。"人的决定性
问题在于：他是否与永恒之物有所关联？"荣格在自传中写道，"那才
是生命的昭示性问题。"[①] 在创造和滋养新生命的过程中，我们所扮演
的角色将我们直接置入了川流不息的生命之河，由此，我们得以向奇
迹靠近。在母亲之旅中，我们通过祖先与过去相连，又通过子女与未
来相连，因此，母亲之旅成了重要的一环，让我们和永恒建立起联系。
它开启了我们和社区、世界及地球的联结感与责任感，由此，我们确
认自己属于更为广阔的宇宙。

　　圣母领报，即大天使加百列告知玛利亚她将受孕并诞下耶稣的时
刻，是几个世纪以来艺术家钟爱的主题。我也喜欢这个主题的油画。
玛利亚总是露出敬畏、恐惧与谦卑的表情，有时甚至是警惕或厌恶！
这种表情象征的是与神明骇然的相遇。通过与超凡能量的联结，人得
知母亲之旅的力量能改变我们的生命历程。在今天，领报身孕更为现

---

① C. G. Jung and Aniela Jaffé , *Memories, Dreams, Reflections* (New York: Vintage Books, 1989), 325.

代和私密的方式通常是往验孕棒上尿尿。伴随着阳性结果，我们往往会感觉人生从此翻天覆地。这提醒了我们与永恒之物的关系。

对有些女性来说，生产是无以言状的神圣体验，我们能感知到与永恒的联结。它通常会让我们充满喜悦、恐惧与敬畏，这些都是深度灵性体验的标志。全世界的宗教都将生产描述为重大的奥秘。神话和宗教中最美的故事讲的都是神圣之子奇迹般的出生，比如佛陀、耶稣或克里希纳（Krishna）①。在对女儿出生的记叙中，蕾切尔·库斯克生动地描述了她所体验到的时间质地的变化："一些至关重要的转变发生了，我能感觉到。我感觉到空气在流动，感觉到时间长河辟出了新的支流，"她写道，"世界本身在调整。"②

推行现代自然分娩运动背后的动力，大多源于一种恢复这一体验神圣性的深层渴望。对很多女性来说，不借助医疗手段的分娩是体验女性创造原型、与强大女性能量建立联结的契机。当然，还有很多女性不愿意自然分娩，或是出于身体原因无法实行。不过，即使是剖宫产这种医疗手段高度参与的分娩也能让人体验到努秘与神圣。

我自己生女儿时就是做的剖宫产。我被固定在手术台上，能感觉到房间的寒冷和明亮，还有蓝色帘子后传来的下腹部奇异的拉扯感。那体验很古怪，很可怕，也很冰冷。医生们低低的交谈声和电子仪器的噪声听起来微弱而扭曲，像来自远方。拉扯停止了，房间里充满安静的期待。这时她哭了。那真是难以言喻的小小的甜美的哭声。那一刻之前，她似乎只是一个假设。现在她来了，那么真实，扭来扭去，充满神奇的活力——那是一条新生命。

---

① 印度教主神之一，字面意义为"黑天"。——译者注
② Rachel Cusk, *A Life's Work: On Becoming a Mother* (New York: Picador, 2001), 42.

新生儿拥有奇迹的光晕。女儿几天大时，我注意到了她身上的气味。没人跟我说过刚出生的小女婴是什么气味。那气味就像春天刚割过的草坪，甚至更加美妙。仿佛她刚刚穿过纱幕，从"另一侧"而来，周身仍闪耀着来自无限的努秘之光。对此，威廉·华兹华斯有一段优美的诗句：

> 既非全然遗忘，
> 也非彻底赤裸，
> 我们拖曳着荣耀之云降临，
> 神是我们的来处。[1]

生孩子也许充满了狂喜、骄傲、愉悦等积极感受，但如果我们对生产的期待落空或发生自己或孩子有生命危险的紧急事件，我们也会感受到恐惧、悲伤、愤怒与遗憾。无论是哪种情况，生孩子及接下来作为新手妈妈的几个星期，都会让我们身处日常与永恒之间那道狭窄的边界。一旦有过这种体验，我们就很难再忽视自己与超凡之物的关联，无论那超凡之物是新生命的奇迹，还是虚空的恐怖。无论如何，生产的体验都能让我们清楚地看到，相比平凡的日常，我们嵌入的语境是多么广阔。尽管我们通常不予留意，但是对身处的永恒产生觉察是发展出成熟灵性的重要环节。

我们不只在新手妈妈阶段会受到考验，去理解自己在苍穹间的位置。等孩子们长大，准备离家时，我们还会深切感受到生命之有限的冷流正从未来反渗而来。等孩子成年，也做了父母，你会体验到命运之轮无可抵挡地滚动着。你会回想起当年在厨房水槽里洗澡的那个小

---

[1] William Wordsworth, *Selected Poetry of William Wordsworth*, ed. Mark Van Doren (New York: Modern Library, 2002), 521 – 522.

小的新生儿。如今,她已长大成人,要进入世界迎接自身的命运,这时你便明白,自己也属于这伟大的生命循环。当然,无论是否成为父母,人人都要面对死亡。但母亲之旅尤其能裹挟着我们,以切身的方式让我们与生和死的循环联结。

## 意义感与使命感

对我的来访者劳拉而言,母亲之旅将她与"永恒之物"相联结,赋予她人生意义并治愈了她的创伤。劳拉儿时曾遭受严重的身体、情感及性方面的虐待。第一次见她时,她在我旁边坐了一个小时,却没跟我发生一次目光接触。她的胳膊和腿上满是割伤所致的伤口。她告诉我,之所以找我咨询,是因为她一直在认真地思考,最后认为她的人生就是一次没有修复意义的创伤。她认定自杀是理性的选择。她把这件事告诉男友,男友求她在实施任何计划之前先找咨询师聊聊,她同意了。劳拉承认,尽管她找不到任何不自杀的理由,但心里还是有一个重要的部分并不想死。

接下来的几个月,为赢得她的信赖我煞费苦心。一段时间之后,她跟我分享了童年的经历。她仍然避免目光接触,但偶尔会瞥上一眼。有一天傍晚,她走进我的办公室,坐下,然后凝望着我。我立刻感到有什么发生了变化。"我怀孕了。"她说。接着她宣布,出于道德原因,她不考虑自杀了,不过只是暂时的。她认为怀孕时自杀就等于杀死正在她体内生长的孩子,她没有这种权力。

基于劳拉的早期创伤,我暗自担心本就不易的孕期对她来说会是一场煎熬。但是一天天长大的宝宝给劳拉带来的是强烈的责任感,她得以用健康的方式与生命建立起了联结。比如，她开始讲究饮食，好让宝宝获得足够的营养。此前她从未关心过自己，现在却能关心成长中的宝宝。

尽管当时她认为自己肯定会把孩子送出去，但一天傍晚，劳拉向我坦承，她有了把孩子留下的念头。这份坦承十分关键。即使怀孕，劳拉也没有杜绝自杀的想法，她只是暂时不考虑这件事而已。可我知道，决定留下孩子就意味着她对生命许下了承诺，就好像在她体内生长的婴儿向她表达出了一种永恒的意愿，生命本身在渴望得到延续。随着孕期的推进，劳拉生存下去的决心也越来越坚定。成长中的婴儿在她体内占据的空间越来越大，对她的索求越来越多，而劳拉满足宝宝需求的决心也愈发强烈。

最后，劳拉和男友留下了孩子。童年被虐的经历一度让劳拉担心自己做不了好妈妈，尽管如此，她的母亲之旅却走得很顺畅。她疼爱儿子，喜欢照顾他。她当然也会有无法承受的黑暗时刻。自杀与自残的念头并不会神奇地消失。劳拉没有正常的父母可以作为楷模，她感觉自己有一屋子的育儿书要读。不过令她欣喜的是，即使不参考书本，她往往也知道该怎么做。

尽管没得到过妥善的养育，劳拉体内古老的养育本能仍在畅通无阻地流动，这对她来说无疑是一个奇迹。她感受到了全新的自我，人格的重心也由此发生了转移。母亲之旅不仅为劳拉建立了自信心，还给她带来了更为深远的影响——它将劳拉与世界相连。劳拉一直把自己划分在正常人类范畴之外，严重创伤的幸存者们往往会这样。然而现在，她感觉自己与孩子相连，与其他母亲相连，无论是身边的母亲，还是历史上的母亲。

　　母亲之旅还让劳拉以其他方式与世界相连。劳拉的儿子幼年时确诊了罕见病。为了他，劳拉成了一名活跃的倡议人士，拥有了整合重要资源与动员的能力。这个曾经无法跟人对视的年轻姑娘，现在已经可以跟医师和保险代理慷慨辩论。她为其他苦于该疾病的家庭寻找网络互助团体，并成了社区内重要的成员。最终，倡议成为她毕生的职业。即使后来她的儿子不再需要治疗和帮助，劳拉仍继续从事这份工作，负责呼吁公众关注该疾病，并为其他家庭募集研究与治疗所需的资金。

　　对劳拉来说，母亲之旅将她与"永恒之物"相联结。它给予劳拉的意义感和使命感超越了她自身的存在。母亲之旅绝对不是和"永恒之物"联结的唯一途径，但从根本上说，照顾孩子就是在趋近未来，甚至是我们看不到的那个未来。对我们中的大多数而言，它会是我们对持续进行的人类大计做出贡献的重要途径，让生命穿透我们、越过我们，向前奔涌。这样一来，我们便成为某种不可知的超越实相的一部分。


## 米诺鱼和鲸

　　有一句波利尼西亚俗语形象地点出了生命的两面性：站在鲸背上，捕捉米诺鱼。通常，我们这辈子大部分时间都在关注日常生活的平凡与琐碎，即米诺鱼；偶尔才能瞥见构成我们存在基础的广大且令人敬畏的超越实相，即鲸。荣格指出，我们永远生活在两重世界：耽于感官的日常世界与永恒的世界。

　　也许只有母亲之旅拥有这样的能力，可以让我们在两种层面的觉察间来回摆动——平凡与无限、米诺鱼与鲸。母亲的大部分日常事务都是单调乏味的，这让我们大部分时间都牢牢根植于平凡的肉体层面的觉察。然而，这种连绵无尽的无聊会不断遭到来自完全不同层面的觉察的棒喝，被打得头晕目眩的我们会瞥见时间流逝之迅速。我们会体验到极端的情绪，比如愤怒或欣喜，它们会将我们击打出日常的觉察，我们会因孩子与生俱来的他性而震惊。一则美丽的印度神话描述的就是这样两种状态的来回摆动，说明这种体验由来已久且具有普遍性。

启蒙故事 Enlightenment

### 克里希纳吃土

大神克里希纳幼年时与养母雅修达（Yashoda）和哥哥巴拉拉马（Balarama）同住。一天，巴拉拉马向母亲告状，说克里希纳在吃土。出于安全考虑，雅修达拉着克里希纳的手，严厉地批评了他。

"你为什么要吃土？"母亲问。克里希纳抬头看着母亲，眼里似乎充满恐惧。他否认了吃土的事。雅修达要求克里希纳张开嘴让她看看。

克里希纳张大了嘴，母亲便往嘴里看。在那里，她看到了太阳、月亮和星辰，看到了整颗地球，包括所有山峦、湖泊与海洋；她看到了所有造物，看到了宇宙、火、空气和旋转的星云；她看到了时间的细流往四面八方蔓延。

片刻之后，克里希纳施展神力，以母爱的形式向母亲

> 投去幻象。母亲的记忆立即被消除。她把克里希纳抱在腿
> 上，浓浓的爱意满溢心扉。

这个古老的故事刻画出了孩子的两面性。这一刻，我们完全身处成人的意识世界，做着家务，追着小孩跑，他刚把一块乐高放进嘴里。但下一刻，孩子们说的某句话或做的某件事却把我们转送到了与神性和无限密切相连的世界。和格洛斯卡普一样，雅修达以为自己可以掌控小儿子。又和格洛斯卡普一样，在和孩子的冲突中，她的确信感与掌控感被击溃了。

第一次读到这个故事时，我的儿子还是和克里希纳一样不受控的幼儿。他总是把东西放进嘴里，我经常要他张开嘴，以防他被什么东西噎住。"你嘴里是什么？"一起疑心我就会这么问，一天可能要问好几遍。"牙齿！"有时他会这么回答。接着，某件事会把我从这种日常秩序里击打出去。我会感到眩晕，惊觉孩子这么快就长大了。在那个刹那，我会察觉生命的甜美、脆弱以及流逝之飞速。我的心会感到一阵刺痛，因为我察觉到了鲸。接着，那个瞬间会过去，我接着擦拭撒在厨房地板上的面条和奶酪。我又变回了米诺鱼。

作家波莉·贝里恩·贝伦茨（Polly Berrien Berends）也是一名母亲，她曾做过一个涉及这两个面的梦，即实相与母亲灵性之旅中无法避开的具身化日常：

> 我做过一个梦，梦见自己正在领取灵性导师这类向导的
> 证照。当时一共有两个人被颁发这样的证照。另一个人是个
> 男人——他叫至高尊者大师。他穿着彩色长袍，手中满是学

位证书与论文。领取证照时，他只需要往前一步，说出他长长的头衔，展现出那流光溢彩的长袍与各类证明即可。可我面前却是庞大的一堆待洗衣物。要获得证照，我必须首先翻过这座巨大的脏衣服山。[①]

这个梦境传达了一个重要的智慧。灵性觉醒会导致个人的膨胀，会让我们与日常现实的联结变得不健康。对超越的觉察必须根植于不完美的日常，否则它就只是一道美丽的防御，用来保卫我们人性的脆弱面。在平凡与无限之间切换，我们才能习惯从两种角度去看待自己：既能看到自己有一堆衣服要洗的普通人的一面，也能看到自己是广袤的生命之链的一环。这样一来，我们的行为便具有了双重意义。我们不仅能在熟悉的星球上过着日常的真实生活，即米诺鱼；也能逐渐觉察到超凡就在我们脚下，即鲸。

## 整合

因此，母亲之旅能让我们在具身化的日常实相之上建立起对灵性的觉察，它要求我们从两个方面来表达自己。这样的整合能为我们带来深切的意义感与使命感，因为我们能体验到自己的日常生活和宇宙中回荡的鸣响有着深远的联系。

对于天主教活动家、记者多萝西·戴（Dorothy Day）来说，母亲之旅就促成了这样的整合。多萝西·戴出生于 1897 年，是天主教工人运动的发起者。她孜孜不倦地为穷人争取公义，直到 1980 年去世。

---

① Polly Berrien Berends, *Whole Child/Whole Parent* (New York: Harper & Row, 1987), xiii.

　　然而年轻时的多萝西·戴并没有宗教信仰。二十岁左右，多萝西·戴离开大学，搬去曼哈顿下城生活。在那里，她为数种出版物撰写文章。为争取女性投票权，她发起抗议后遭逮捕入狱。她还与尤金·奥尼尔等众多左翼人士结交。多萝西·戴过着波希米亚式的生活，与多名男性有染。二十四岁怀孕时，她做了流产手术，并认为自己从此将无法生育。她有过短暂的婚史，但终是不欢而散。快三十岁时，她有了新的爱人，还发现自己渴望生孩子。

　　尽管一直有无法生育的忧虑，多萝西·戴还是顺利怀上了孩子。整个孕期，她发现自己越来越受到教堂的吸引。她开始每天祷告。信念日益坚定，最终她在天主教会接受了洗礼，孩子亦然。她知道，这也意味着她与合法丈夫，也就是孩子父亲关系的终结。

　　母亲之旅开启了多萝西·戴的狂喜体验，她啪的一声打开无限世界的大门，由此觉察到了永恒。多萝西·戴在自传中写道："我在孩子出生后常体验到汹涌而来的爱和喜悦，那是人类没法吞下或纳入的感受，因此我需要去崇拜，去敬仰。"[1] 对多萝西·戴而言，孩子的出生是引导她最终接受洗礼成为天主教徒的决定性因素。母亲之旅不仅使多萝西·戴在宗教方面的信念变得更为明确与凝聚，也让她的政治与社会活动更为激进。

## 克洛诺斯（Chronos）与卡伊洛斯（Kairos）

　　时间是最主要的媒介。通过它，在为人父母的过程中，我们体会

---

[1] Dorothy Day, *The Long Loneliness: The Autobiography of the Legendary Catholic Social Activist Dorothy Day* (New York: HarperOne, 2017), 139.

到了自己在平凡与无限之间的来回摆动。俗语"分秒漫长，年月飞快"就是对这种感觉的总结。在养育幼儿的过程中，我们能同时感觉到时间的漫长和飞快，它们在同一天之中会交替出现好几次。我还记得在两个孩子的幼儿期，我的一天是以半小时为单位计算的，因为我时常琢磨：该怎么熬过接下来的半小时？即使如此，我还是常常会因为时间飞速地流逝而唏嘘不已。

婴儿和幼儿长得太快了，一旦猛然察觉时光已逝，我们就会痛彻心扉。仿佛突然之间，我们能感觉到地球在自转。生孩子之前，时间像一条长河，我游弋其中，却几乎感觉不到河水的流动。有的时候，我会发现一些事竟然已经过去那么久了，这会让我惊觉时间的确是在过去。但除此之外，由于河流的深邃和宽广，我几乎留意不到它的柔波。

可一旦生了孩子，我和时间的关系就变了。每天的大部分时间，我都在琢磨该怎样熬到他们上床睡觉。我渴望睡眠，渴望属于自己的时间，但我同样渴望这些日子能永远这样下去。孩子们的童年宛如一条急流，从我身边匆匆流走，朝未来涌去，那速度实在是太快了。

希腊人将时间人格化，将其比作伟大的提坦神克洛诺斯。在古典时期的马赛克镶嵌艺术作品中，克洛诺斯不停歇地转动着黄道十二宫之轮。成为父母之后，克洛诺斯便静静地跟了上来。当我们收起节日装饰品，送走穿不下的衣服时，他便悄声告诉我们时光已逝。但同时，希腊人还塑造了另一位时间之神卡伊洛斯，他代表着转瞬即逝又趋于永恒的时刻。母亲之旅中也充满了这样的"卡伊洛斯时刻"——秋日下午和孩子一起在阳光斑驳的树林里散步，并体验到的永恒时刻；或者把新生儿抱在腿上看着他熟睡，沉浸在喜悦中的那个时刻。如果克洛诺斯是平凡日常的觉察，是米诺鱼之神，那么卡伊洛斯则让我们感觉到自己可以跟永恒、跟鲸建立起联结。

心理学家达夫妮·德·马尔内夫在《母性欲望》中对"卡伊洛斯时刻"有过这样一段优美的记述：

> 这是一个安静的早晨，其他人都去了公园。我独自和宝宝在一起。他躺在我腿上熟睡，我聆听着新生儿的呼吸声，还有吸鼻子的声音和饥饿的吸吮声。我能听到哀鸽咕咕叫着落上街边的电线，听到远处传来乌鸦的嘎嘎叫。窗外垂着一张被阳光照亮的蛛网，它很快会被孩子们发现，然后被毁掉。还有蝴蝶，它们扑闪着翅膀的明亮日子屈指可数。我感到从未有过的充实，生活从未像现在这样甜美。与此同时，我也感到一阵疼痛，为着"轻轻滑走的簌簌沙粒"，为着我的孩子熟睡中的呼吸。那份疼痛来自美，来自渴望，来自时光，来自无法承受的脆弱和每一刻流逝的珍贵。①

马尔内夫用"怀念当下"这个短语来形容此时此刻对于沙粒静静流逝的察觉。孩子们在婴幼儿时期的成长和变化是最迅速的，因此这种疼痛往往更加鲜明，且挥之不去。孩子们生命中难忘的时刻提醒着我们时间的无情流逝。

随笔作家和杂志主编克里斯廷·范奥格特罗普（Kristin Van Ogtrop）也是一位母亲。她在散文《宝贝阿蒂拉，我回家了》中陈述了为什么即使工作上有高要求和压力，也比在家带两个小男孩来得容易。她遇到的困难大多与时间有关——范奥格特罗普一生始终以克洛诺斯的方式生活，那是她的舒适圈。她不愿进入卡伊洛斯的时刻，尽管她能清

---

① Daphne De Marneffe, *Maternal Desire: On Children, Love, and the Inner Life* (New York: Little Brown, 2004), 313.

晰地感受到沙粒在流逝。

> 我担心事情会变成这样：我会爱孩子们，但这份爱会不完美，我死板的性格和工作的需要会破坏这份爱。我将永远无法与他们分享草丛中发现知了的惊喜，因为停下来对知了表示惊叹，就意味着我会错过早晨那班火车……时间会过去，欧文和雨果会长大，而我将继续梦想着哪一天我能放松地走进家门。
>
> 我渴望有一天我能不再因为迟到而对孩子们吼叫……
>
> 不知不觉中，男孩们就长大了。房子会变得一尘不染，我也一样：我会变得和善、冷静，无论是在职场还是在家。四只小脚在床上蹦跳的画面将成为遥远的回忆。知了这样的东西会失去魔力，孩子们会一去不复返。①

成为母亲，就是忍受这种觉察到时间流逝所带来的烧灼感。有的女性会极想再生一个小孩，部分原因就是为了拖延那不可避免的与时间的直面。如果新宝宝即将到来，前方就仍有生活在等待。再生一个小孩能为我们留住几年短暂的时光，因为怀孕和哺乳能把青春延长。而宣告自己的结束，就是走过生命的转角，看到前方长长的最终跑道，承认人生终将不可避免地走向衰老与死亡。当然，不管是第一个还是第五个，总会有最后一个孩子。

伴随着巨大的悲伤，我们转过身，看到我们的一部分生命正迅速地在过往中消逝，哀悼再也无法拖延。也许在清理婴儿玩具时我们就

---

① Cathi Hanauer, Ellen Gilchrist, and Kristin van Ogtrop, "Attila the Honey I'm Home," in *The Bitch in the House: 26 Women Tell the Truth about Sex, Solitude, Work, Motherhood, and Marriage* (New York: Perennial, 2003), 169.

尝到了这种滋味，也许我们硬起心肠一直挺到了孩子离家上大学的那一天。无论如何，悲伤从一开始就存在，始终挥之不去。我们总得向时间举手投降，尽管大部分人终其一生都在回避对这一事实的觉察。可在母亲之旅中，孩子们转瞬即逝的青春会不断地给我们痛苦的提醒，让我们更加难以忽视时间无情的流逝。

等待着我们的还有一个更重大的时刻——孩子们离开家的那一天。"最终，宇宙论者断言，我们的太阳及所有的太阳都将耗尽燃料，剧烈地爆炸，然后陷入冰冷和黑暗。物质本身将蒸腾入太虚之中，从此以后，宇宙将变得荒芜。"这是迈克尔·格尔森（Michael Gerson）2013 年为《华盛顿邮报》撰写的短文的开头，说的是他儿子离家上大学的事。

接下来他写道：

> 这就是我和妻子第一天送大儿子去上大学时我内心的想法。我做出最好的表情。但那是迄今为止时间对我做过的最残酷的事。站在宿舍门口的那一刻其实早有暗示，在幼儿园门口，在夏令营入口，在每次分离与独立的场合。它总是突如其来，像贼一样偷走你最珍爱的东西。[1]

"那是迄今为止时间对我做过的最残酷的事。"克洛诺斯终将背叛我们。无论我们以为和生活达成了怎样的交易，最后赢的总是它。生育孩子带来了延伸感，我们的生命之树长出了新的枝丫。可孩子的离家却提醒我们，必须松开紧抓不放的未来，是我们离开的时候了。

孩子长大了，离家了，我们看着他登上生活的舞台，辽阔的地平

---

[1] Michael Gerson, "Saying Goodbye to My Child, the Youngster," Opinion, *Washington Post*, August 19, 2013.

线朝着四面八方展开。与此同时我们觉察到，属于我们的广阔地平线在身后展开。我们知道前方就是尽头。我们最伟大、最有意义的冒险已宣告落幕，这是一个重大的、不可撤回的、突如其来的结束。正如格森所写，"星球被甩出了轴线。"[1]

育儿之路有太多这样的时刻，孩子的离家又一次让我们与尽头和时限对峙。我们明白和他们在一起的时间是有限的，我们在他们生命中的分量也是有限的，并且是日渐递减的。我们将痛彻心扉地体会到，留给我们的时间不多了。当我们以这样的方式与生命不可避免的有限性迎头相撞，我们的反应或许会是逃避，因为这个认识太过痛苦。但是，如果我们能够去面对，这个经历就能让我们更加明确地知道什么最重要，并驱使我们在生活中牢牢把握住这份价值。

母亲之旅迫使我们直面这终将结束的生命。它向我们揭示出时间的齿轮正在飞速地转动。这样一来，我们就能与荣格所称的"中心之火"（central fire）保持联结。"中心之火"是指对存在根基的直接感知，即永恒世界。基于此，母亲之旅可以是伟大的灵性导师，邀我们与"永恒之物"构建更深的关系。

## 思考题

Q1 格洛斯卡普曾战无不胜，直到和小宝宝相遇。有的女性天

---

[1] Michael Gerson, "Saying Goodbye to My Child, the Youngster," Opinion, *Washington Post*, August 19, 2013.

生就会照顾孩子，有的女性却跟格洛斯卡普有相同的感受。你觉得在外工作比带孩子更容易些吗？你在母亲之旅中遭遇过怎样的挫败？

Q2 格洛斯卡普不管做什么都没法让小宝宝服从命令。为人父母要求我们拥有与面对职场挑战时截然不同的心态。在母亲之旅中，你发现哪些心态是帮不上忙甚至起到反作用的？你是怎么发现那些心态不管用的？

Q3 在母亲之旅中，你有没有感到过无力招架？你是怎样应对的？这件事给你带来了什么改变？成为父母之后，你的价值观是否发生过转变？

Q4 格洛斯卡普和雅修达都被孩子打败了。你的孩子是怎样让你觉察到此前未知的局限的？

Q5 雅修达经历了平凡育儿时刻到纯粹灵性觉醒的转换。我们时常会有这样的体验，尤其是在孩子们的幼年时期。你在照顾孩子的时候体验过这种两个极端间的来回摇摆吗？如有，这样的体验是怎样改变你对世界的看法的？

Q6 透过孩子，雅修达瞥见了永恒。生孩子以后，你和时间的关系发生了怎样的改变？它给你的灵性观带来了什么影响？

Q7 做母亲之后，你的灵性体验有变化吗？你和时间的关系有变化吗？

# Motherhood

# 第 8 章

# 取得创造力

只有通过创造，我们才能步入光明，才能全面完整地看清自己。

——《心理结构与心理动力学·荣格文集（第四卷）》

　　女主人公在井底逗留，之后将小匣子带回家，各式各样的珍宝从中倾泻而出，其中会不会就有创造力呢？母亲之旅和创造力的关系很复杂。无论我们是从事创作工作，还是有一个对自己来说非常重要的创造性活动，孩子的到来都很可能会极大地削弱我们的艺术灵感。孩子年幼时，睡眠的缺乏和繁重的体力劳动让我们几乎没时间进行创造性活动。等他们长大一点，我们又要管理他们的日程，开车送他们参加活动，这些都会占用我们大量的时间。如果我们还得出去上班，就更难抽出时间来满足创造性追求了。我们的孩子、伴侣和工作永远占据着优先权，自我表达的需求排在最末，且往往得不到满足。

## 母亲之旅的重担

纵观历史，女性追求艺术事业通常是得不到鼓励的。能够投身创造性追求的女性通常没有孩子。不过还是有值得一提的例外，浪漫主义时期伟大的德国钢琴家克拉拉·舒曼就有八个小孩。但是大部分成绩斐然的女性画家、小说家与音乐家都没做母亲。这不禁让人思索，创造性生产与母亲之旅是否多少有些不可调和呢？印象派画家玛丽·卡萨特以笔触温柔、观察细致的母子图闻名于世，可具有讽刺意味的是，她很年轻就认定婚姻与成为画家的野心无法共存。

令人欣慰的是，在过去的半个多世纪里，女性的处境有了改观，我们更容易去实现创造性追求方面的野心。不过能够投身创造性追求，甚至只是兼顾，都需要一定程度的经济稳定，并不是每位母亲都能拥有这样的条件。如果妈妈们要一边赚钱养家一边照看孩子，就抽不出时间进行创造性活动。以创作为生确实是一种特权。可即使是拥有这种特权的女性，即使社会环境有了变化，支持女性征战职场，同时做母亲和从事创作依然非常困难。对诗人黛安娜·梅塔（Diane Mehta）而言，孩子的到来差点扼杀了她的艺术生涯。

大部分有孩子的女作家都在静静地对抗着内心的冲突，一有机会就顺手写上几小时，尽自己所能去挤时间。但有些人，比如我自己，就完全放弃了……儿子出生后的前三年，我几乎包办了一切：喂养、带他找小伙伴玩、每晚给他读半小时的书、慢慢哄他入睡。差不多有七年时间，我停止了写作，并和大部分朋友断了联系。如今回想起来，我成了一具怨怨的僵尸，极不自在地过着当妈妈的日子。相比之下，我简直是个异类，因为别的妈妈都心情愉快地推着巨大的双人

推车走在公园坡<sup>①</sup>，那里简直就是婴儿制造机。<sup>②</sup>

因为母亲之旅把女性从艺术身边带走，造成了多少首未谱出的交响乐，多少幅未绘出的画作，多少部未写出的诗歌和小说？作家芭芭拉·金索沃尔写过，有人曾问诗人露西尔·克列夫顿（Lucille Clifton），为什么她的诗都那么短，对此她答道："我有六个孩子。在一天结束之前，我的脑子只记得住二十行诗。"<sup>③</sup>毫无疑问，母亲之旅给世界艺术宝库造成了巨大的集体损失。

尽管如此，母亲之旅却能带领我们认识自己。能更好地认识自己，进一步熟悉自身来之不易的复原力，我们也许就会产生冲动，想以某种方式为真实的自己发声。母亲之旅对我们的优先权进行了野蛮的重组。对有的女性来说，要想给创造性事业腾出空间，就必须将重要性稍次之的其他活动予以舍弃。

完成分析师培训后，我清楚地知道写这本书对我来说非常重要。我从小就想当作家。刚成年择业时，我搁置了这个欲望，因为它不切实际。我还认为作家都应该天赋异禀，而我完全无法想象这个词可以用来形容自己。接下来二十年里，我有了生活，有了自己的事业，拿到了两个硕士学位，结了婚，生了孩子，参加了分析师培训。但是，写作的欲望从未离我远去。在我的衣柜深处，塞着不止一份未完成的小说草稿。可我从来没有对写作许下过严肃的承诺。

---

① 公园坡是位于美国纽约市布鲁克林的一个社区，被视为纽约最优质的的居住区之一。——译者注

② Diane Mehta, "Sex and Sensibility," *The Paris Review*, October 16, 2013.

③ Barbara Kingsolver, *High Tide in Tucson: Essays from Now or Never* (New York: HarperCollins, 1995), 96.

写作欲望如同炽热燃烧的煤炭，在我人生的背面小心翼翼地堆积了几十年。伴随这股欲望的是对不够格的恐惧，我因此不敢真正去实现当作家的心愿。生活的现实需求帮我回避着这个欲望。我得挣钱养家，任何一份工作我都会全心投入，这样一天下来就没有精力留给写作了。我得完成研究生作业，这种事会占据你全部的生活甚至更多。接下来，还有冷酷无情且"永远存在"的照顾孩子的需要。其实孩子是最完美的借口，它帮我回避了灵魂对创造性活动的需求。

我小的时候，母亲对戏剧很感兴趣。她会去本地的戏剧公司做志愿者，能看的演出都会去看，还会反复阅读名剧剧本。最后她开始自己写剧本，每周一次乘车去纽约上课。她获得了不少鼓励，可最后她还是把手稿放进抽屉，把梦想搁上书架。她对自己，也对我们说，她没办法追逐编剧的梦想，因为她首先是一个妈妈。

"我们都有一场和自己的约会，"荣格学派分析师吉姆·霍利斯（Jim Hollis）写道，"不过大部分人不会赴约。"① 我能体会母亲的感受。我明白她需要用孩子当借口来逃避和自己的这场约会。就她所处的年代和生活条件而言，突破自身的恐惧和怀疑是非常困难的。我的路轻松得多，可我还是得和母亲身上遗留下来的那份挣扎做斗争。孩子们幼年时，我既想按自己想要的方式来照顾小孩，又想将我的创造性潜能付诸实践。无法兼顾的恐惧折磨着我的心。尽管我的人生与母亲的大为不同，但我心里总有暗流涌动，认定悲剧性的牺牲是无法避免的。解开这个心结需要我有意识地付出努力。我必须描绘出想要的生活图景，这种生活既有与孩子们温暖的联结，也有富于意义的工作和创造性追求。

---

① James Hollis, *Mythologems: Incarnations of the Invisible World* (Toronto: Inner City Books, 2004), 62.

## 明确重点

　　分析师培训结束时我的孩子们还很小，我的来访者人数也在迅速增加，可我的写作欲望并未减弱。这份欲望带来了精神上的压力，让我相当难受，但它也要求我聚焦于真正重要的东西。我不得不承认，如果写作很重要，我知道它很重要，那么，能不能挤出时间去做完全取决于我自己。把孩子们当成不创作的借口是行不通的。母亲的身份、工作以及灵魂的创造性需求，三者之间形成了竞争关系，要求我对时间实施严格的管理，这完全不是一件坏事！我不织毛衣了，园艺也放到了一边。我只与重要的朋友出去玩，只看真正喜欢的电视剧。精心筹备的晚餐派对不再是非做不可的事。每天，我大部分时间都在照顾和陪伴孩子，但其他对自己的期待，只要与紧抓在手的目标不匹配，我就统统放手。

　　在某种意义上，由于当了妈妈，我的时间变得极为珍贵，这迫使我严肃对待自己的创造性欲望。没有其他前进的方式。如果不想完全放弃写作的野心，我唯一的选择就是全心投入。这样一来，我的重点变得很明确。我饥渴地抓住一切可能的时间碎片。有好几年，我在儿子每周上国际象棋课的时候写作，但也部分基于此，我确保了每周至少会写作一次。

　　芭芭拉·金索沃尔指出，成为母亲使她的焦点变得清晰，并要求她尽可能有效地利用时间。她将自己的写作流程和其他没有孩子的作家进行了比较。

　　　有的作家进入写作状态所需的流程简直能把我的下巴惊掉……戴安娜·阿克曼的每个夏日都是以"一个小时充满禅意的选花和插花"作为开始。她会沉浸在音乐之中，接着快走一个小时，每天如此。"我不知道这是否有帮助，"她在《感觉的自然史》一书中写道，"我的缪斯是男性，有着月亮般银光璀璨的外表，从不直接与我交谈。"

我的缪斯戴着一顶棒球帽，还是反扣着的。女儿刚坐上校车，他就会扛着棒球棍晃到我身后，讲起话来可真是直截了当："好了，作家女士，校车开回来以前你还有六个小时。你可以坐下来写作，马上，或者，你可以考虑找份白天的工作。"①

带孩子的迫切需要会逼着我们像激光一样聚焦于优先要做的事情。养育我们的创造性产物时，我们也会有强烈的保护欲，和养育生物学后代时一样。为满足这两方面的需求，我们会跟其他需求做斗争。有一则深受喜爱的童话故事表达的正是这个主题。

## 启蒙故事 Enlightenment

### 矮人妖精

贫穷的磨坊主有一个美丽的女儿。有一天，他碰巧遇到了国王。为了讨国王的欢心，也为了显示自己的重要性，磨坊主对国王说自己的女儿能把稻草纺成金子。国王深信不疑，命令磨坊主当天就把女儿送进皇宫。

磨坊主的女儿进了宫，国王领着她来到塞满稻草的房间，房间中央放着一架纺车。"干活吧，"国王对女孩说，"如果到早上，你不能把这些稻草全纺成金子，我就处死你。"说完，国王便离开房间，关上了门。

---

① Barbara Kingsolver, *High Tide in Tucson: Essays from Now or Never* (New York: HarperCollins, 1995), 95 – 96.

　　可怜的磨坊主女儿不知如何是好，她不知道怎样把稻草纺成金子。最后，她坐在地上开始哭。就在这时，一个小人儿出现了。"你为什么哭呀，磨坊主的女儿？"他问。女孩便跟他说了自己的困境。"要是我帮你纺，你能给我什么？"小人儿问。"我的项链。"女孩回答。小人儿点了点头。女孩把项链送给小人儿，他便干起了活，把一个又一个线轴缠满了发光的金线。到了早晨，国王来了。他很惊奇，也很满意，因为他看见女孩独自睡在成堆的金线里。

　　可当天夜里，国王又把女孩领进了更大的房间，里面装的稻草比前一晚的还要多。他再次命令女孩纺线，否则就取了她的性命。和前一晚一样，磨坊主的女儿又崩溃大哭。小人儿再次出现，问出了什么事。"要是我帮你纺，你能给我什么？"小人儿问。"我的戒指。"女孩回答。交易再次达成，小人儿干起了活，一如前夜。

　　早晨国王又来了，他很满意，但渴望得到更多金子。于是他给了女孩更多稻草，要她夜里继续纺线。但这回国王承诺，只要女孩能做到，他就娶她为妻。

　　这一回，当小人儿问女孩能给出什么时，女孩说自己已身无分文。"那就发誓把你的第一个孩子给我吧。"小人儿说。女孩倒吸一口凉气，但暗想，谁知道这小人儿会不会真来拿我的孩子呢。于是她同意了。和之前一样，小人儿飞快地干起了活儿，给线轴缠满金线。第二天早晨，国王一如既往地感到满意，开始筹备婚礼。

　　一年后，新王后生下了儿子。她已经完全忘了小人儿的事。突然有一天，小人儿出现了，要求兑现承诺。王后吓坏了，拼命乞求小人儿不要带走自己的孩子。小人儿心生怜悯，便说："给你三天时间。如果你能猜出我的名字，就可以留下孩子。"

当晚，王后列出了各种各样的名字。小人儿在早晨现身了。王后把所有名字念了一遍，可每次小人儿都回答："那不是我的名字。"第二天和前一天一样。到了第三天夜里，王后派心腹侍女去打听新名字。侍女回来时说了一个古怪的故事：她在森林里见到有个小人儿在火堆边蹦来蹦去，唱着歌：

明天我酿酒，今天我烤饼，

接着我就要带走那个孩子，

尊贵的王后你绝对想不到，

我的名字是伦坡尔斯提尔特斯金！

王后听到这个故事当然十分高兴。第三天小人儿回来时，王后就猜他的名字是伦坡尔斯提尔特斯金，小人儿当下便愤怒地将自己撕成了两半，从此再无音信。


穷磨坊主利用美丽的女儿来抬高自己，却让女儿有了性命之虞，因此这个故事讲的是父亲造成的伤害，即父亲创伤，以及这种创伤给女儿的心灵造成的影响。在与女性来访者沟通的过程中，我多次见证了父亲创伤，它会抑制女性，不让她们发挥创造性潜能。

## 创造力的恶魔性

如果我们从小就展现出创造性天赋，却有一个想利用这份才能的父母，我们就可能与才华分离。这样的小孩在展现才能时会感到极大的压力。如果孩子逐渐认为父母的爱和赞许取决于自己的成绩，他们就可能会被迫成为完美主义者。他们的创造性追求会变成对成功永无止境的求索。他们会显得压力大且不快乐，没办法享受乐趣。仿佛这份创造力已不属于孩子，而是以某种形式变成家长的所有物。这样一来，创造力就具有了恶魔性（daimonic）。

daimon 一词源于"恶魔"的希腊语，指的是驱使人类走向自我毁灭或自我实现的超凡之力。它有魔鬼的意思，也有自主精神的意思，这种精神能催生与激发出伟大的艺术天赋。柏拉图在《理想国》中讲述过一则"厄尔神话"，说的是每个人类灵魂在出生前都会被分配一只独一无二的恶魔，这个恶魔将选出我们这辈子要实现的意象或模式。也许我们会忘记这个召唤，但恶魔始终记得。因此，恶魔成了宿命的背负者。

伦坡尔斯提尔特斯金就是这样一个邪恶的创造力魔鬼。他似乎"记得"磨坊主女儿拥有但不自知的惊人才能。他能展现出神奇的创造性天赋，但与此同时，他也会折磨所侍奉的灵魂。研究驱动力和热情的学者也许已对创造力的恶魔性进行了清晰的论证。蒙特利尔魁北克大学的社会心理学家罗伯特·瓦勒朗（Robert Vallerand）及其团队调研了大学生们喜爱的活动。根据调研数据，他们区分了大学生在活动中的"和谐激情"与"强迫激情"[1]。强迫激情会使人在参与活动时失去控

---

[1] Theo Tsaousides, "The Thin Line Between Passion and Obsession, Part 1," *Psychology Today* (blog), October 25, 2016.

制权。进行这项活动时主体会背负压力，从中寻求自尊感或社会认同，有时会产生无法控制的冲动，因而陷入狂热。渐渐地，他会发现自我感的建立完全依赖于这份狂热。在某种意义上，创造性事业成了他的心瘾。这正是恶魔性创造力的特点。

美丽的磨坊主女儿与自己的创造性潜能失去了联结。这份潜能似乎完全独立于她存在，只有当他人提出要求或是为他人的利益服务时，女孩才能展现能力。伦坡尔斯提尔特斯金就是这份被剥离的创造力的化身。他是一个在道德上自相矛盾的小恶魔。女孩哭泣时，他会及时现身予以拯救，但他也会威胁夺走女孩的一切。女孩的创造性事业让她被自己耗尽，却令别人变得富裕——她被迫放弃了所剩无几的财产，甚至许诺交出未出生的孩子，但她却让国王发了财。

把稻草纺成金线的意象绝对是童话世界最美妙、最有诗意的譬喻之一。它暗示的正是炼金术士们力图将质朴平凡的东西变成金子的精妙技艺。稻草是粮食生产的副产品，是去除谷粒和谷壳后剩下的东西，只能用来做垫子或填充物。创造性事业与其有着相似的特质。仅仅运用想象力、几张纸和一支笔，作家就能编织出故事，甚至创作出流芳百世的东西。

可以想象，磨坊主女儿拥有过人的创造性才能，但由于她的父亲创伤，女孩只有在被强迫的情况下才能运用这份才能。当女孩因他人利益受到逼迫时，她的才能便得以展现，可最后她会被消耗一空。她的能力能让她体验暂时的成功，但这种成功始终伴随着威胁。但是一旦有了小孩，磨坊主女儿就不愿再当受害者，对这股邪恶的创造冲动俯首称臣了。当孩子有了危险，女孩便能在恶魔性和创造力的博弈中夺回主动权。

　　许多文化都有这样一种说法，知晓某物的真实姓名能给予你掌控它的权力。给问题命名也能让它变得清晰明确，因而更容易处理。如果我们为某个内在问题所苦，把它诉诸语言能给予我们掌控它的力量。王后知晓了伦坡尔斯提尔特斯金的名字之后便成了他的主人，再也不必被他折磨。从心理学的角度来看，这个情节暗示的是女孩有能力取回她的创作天赋并加以整合，让它为意识所用，而不是与自身割裂，只能为他人的利益服务。就磨坊主女儿的情况而言，她的创造力恶魔只在她绝望时出现，不这样她就无法运用能力。直到孩子面临威胁，女孩才找回了勇气和方法，去整合这一创造性潜能。通过命名，女孩取回了它。

## 自恋型父亲

　　科琳娜是一位天赋异禀、活力十足的女性。休产假之前，她在销售领域已颇有建树。她和父亲的关系很疏离。印象中，父亲永远是冷漠、拒人千里之外且喜欢批评他人的。儿时的科琳娜热爱阅读，喜欢写故事。她还记得当大人问她长大以后想做什么时，她会说想当作家。但这个回答总会引发父亲的教训，他会警告科琳娜："当作家可挣不着钱。"

　　科琳娜擅长学习，在学校成绩优异，这让父亲非常高兴。但在科琳娜的记忆里，这份赞许总是很短暂，似乎只在两次考试之间存在。科琳娜告诉我，她读高中时，父亲总是表现得冷漠且暴躁。不过，只要她得到全 A 的成绩单，父亲就会变得心情愉快，对她充满热情，但几天后又会回到易怒的状态里。我和她都发现这种体验和童话《矮人妖精》传递的感觉十分相似——一间房里的稻草纺好了，还会有更大的房间等着她。

同样，科琳娜也感觉父亲在利用她的才能。高中时，科琳娜曾在州级作文比赛中获奖，这是对她写作才华的认可，科琳娜因此激动不已。可父亲看待这份成功的角度却完全不同，他对家人说的是科琳娜参加比赛总能赢。他通过那样的措辞改写了科琳娜的成就，把它转换成了他认可的那类成功，这就是在利用科琳娜的成就满足自己的私欲，就像磨坊主对国王吹嘘一样。

自恋型父亲给科琳娜带来了深远的影响。成年后，科琳娜对自己的能力缺乏信心，把当作家的愿望深藏在心里，无法接近。等科琳娜成为母亲时，她的销售事业已做得风生水起——这份工作跟她父亲的工作领域有交集。结果，将稻草纺成黄金的能力引领科琳娜走向了传统意义上的事业成功，就像磨坊主女儿嫁给了国王。她最初打算请三个月产假就回去上班，可女儿出生后不久，她就开始重新思考这个决定。

最终，科琳娜辞职做了全职妈妈。孩子出生后，她真切而清晰地意识到，任何事都不值得她把女儿抛下。她的优先权完全变了，显然，她将养育后代视为第一要务——无论是生物学意义上的，还是创作方面的。几年后，科琳娜在附近一所大学里开始了研究生写作课程的学习，这也是为了能够取得专门的写作时间。最后，科琳娜成了一名作家和全职写作教师，出版了好几部反响不错的小说。和磨坊主女儿一样，对生物学后代许下的承诺让科琳娜对"创作后代"也许下了承诺。

因此，尽管母亲之旅无疑对女性实现自身创造力提出了巨大的挑战，但它也能以某种方式点燃火花，让女性在实现创造力的过程中做出更为坚实的承诺。对小说家费伊·韦尔登而言，生孩子让她拥有了丰沛的创造力。

有了孩子，我们的创造力完全不会因此受损。它会提醒我们，灵感是源源不绝的，想法和创造力永远不会枯竭。怀孕，生下小孩，起夜照顾他们，这个过程只会让我们与多产的自我关系更加紧密。[①]

## 把稻草纺成金子

与磨坊主女儿和科琳娜一样，哈利·波特的创造者 J. K. 罗琳讲述过类似父亲创伤的经历。在《纽约客》杂志 2012 年登载的访谈中，罗琳说她害怕自己的父亲。"我和父亲的关系并不简单。"她告诉采访者，并承认她和父亲已有九年没联系了。

> 罗琳说，他们的关系早在 2003 年 12 月就破裂了。当时彼得·罗琳将手中《哈利·波特》的初版书拿去苏富比拍卖行拍卖。有些没卖掉，但有些卖掉了，包括那本《哈利·波特与火焰杯》。那是罗琳 2000 年送给彼得的父亲节礼物，写着"来自长女满满的爱"，还画着一只手伸向逃跑的妖精。那本书的拍得价是 48 000 美元。[②]

我们并不知道彼得·罗琳和女儿关系的实质，但是从卖掉女儿的书以获得丰厚利润一事来看，彼得的确有利用女儿的才华满足私欲的倾向，一如我们故事中的那位磨坊主。

---

[①] Nina Winter, *Interview with the Muse: Remarkable Women Speak on Creativity and Power* (Berkeley, CA: Moon Books, 1978), 42.

[②] Ian Parker, "Mugglemarch: J. K. Rowling Writes a Realist Novel for Adults," *The New Yorker*, September 24, 2012.

罗琳当然能将稻草纺成文学的金子，她运用想象力编织出的故事令成千上万的人着迷。这个故事始于她二十五岁那年。当时她正在一列火车上，一个小男孩巫师突然在她脑海中浮现。罗琳几乎立刻就把他写了下来。之后不久，罗琳搬去葡萄牙教英语。她夜里教书，白天写作。在那里，她还与名叫若热·阿兰特斯（Jorge Arantes）的当地记者相识并成婚。

据说，罗琳的婚姻从一开始就充满波折和挑战。《纽约客》的访谈及罗琳的自传都曾提到阿兰特斯嫉妒心强，两人争吵十分激烈。罗琳怀孕以后，夫妻俩搬进了阿兰特斯母亲的狭小公寓。1993 年夏天，罗琳在那里做了母亲。这段婚姻在出现暴力行为之后很快宣布终结。在一次激烈的争吵之后，阿兰特斯把罗琳拖出房子，还扇她耳光。罗琳带着最少的行李逃离葡萄牙，跟着她走的还有她的小女儿以及《哈利·波特与魔法石》的前三章。

罗琳下一阶段的人生成为传奇。在爱丁堡一座闹鼠患的公寓里，她靠救济金度日。为了让自己和女儿活下去，罗琳踏上了漫长而艰辛的旅程。她在这段时期继续写作。她会把女儿放进婴儿车，推着她上街。等孩子睡着了，她就进咖啡馆写作。罗琳相信，正是女儿让她集中精力写完了这本书。

> 那段时间我一直在尝试写作，我也确实做到了，但状态时好时坏，断断续续，有时甚至完全静不下心……孩子让我觉得必须写完那本该死的书。我不是把它看成一线生机，而是因为我感觉再不写就永远写不完了。[1]

---

[1] Ian Parker, "Mugglemarch: J. K. Rowling Writes a Realist Novel for Adults," *The New Yorker*, September 24, 2012.

养育女儿的义务迫使罗琳更为严肃地对待自己和自己的创作，她意识到她必须去赴那场和自己的约会。

母亲之旅还能通过其他方式支持女性的创造性工作。成为母亲也许会让我们生平第一次相信自己的直觉。这给了我们信心，让我们放手去创作。我的一位女性来访者认为母亲之旅让她有生以来第一次获得了自信，因为她能看到自己凭直觉所做的事是行得通的。

下面这则苏格兰童话描绘出的，正是母亲之旅教导我们相信内在源泉的意象。

启蒙故事 Enlightenment

## 被偷走的娃娃与仙丘精灵

很久很久以前，有一位年轻妈妈抱着孩子沿着海边小径散步。孩子突然哭了。妈妈知道他是渴了，便把他小心地放在一片柔软的草地上，自己去附近的小溪取水。然而妈妈刚走，两个女人就把娃娃带走了，她们是厉害的仙丘精灵。

妈妈回来，发现孩子不见了。她大喊起来，拼命地寻找。她走啊走，走到了附近的村子里。她逢人便问有没有见到她的孩子，但大家都不知情。

最后，她去到吉卜赛人的帐篷里，请吉卜赛奶奶给她出主意，据说这位奶奶拥有伟大的智慧。吉卜赛奶奶要这个女人放弃寻找孩子。她说，孩子是被仙丘精灵偷走了，她们把他带去了地底的秘密王国。奶奶说，凡人到那里都

是有去无回。可年轻妈妈不愿放弃，她乞求吉卜赛奶奶帮她想办法救出孩子。

于是吉卜赛奶奶告诉年轻妈妈，很快就是仙丘精灵选新国王的日子了。如果妈妈能在那天想办法进入秘密王国，就有可能把孩子找回来。吉卜赛奶奶接着告诉她，仙丘精灵没有制造东西的能力，所以只能靠讨或者偷。他们爱慕虚荣，喜欢拥有举世无双的宝贝。如果年轻妈妈能找到罕见的珍品，也许可以从仙丘精灵手里把孩子换回来。

"可是像我这样的穷丫头，哪有什么罕见的珍品？"年轻妈妈问。吉卜赛奶奶没有回答，只是祝福了她。

年轻妈妈又一次绝望了。因为她很穷，没办法买到珍贵的宝物。她不知道该怎么办，只得走向大海。她在海边收集了一些绒鸭的羽绒。数量足够之后，便织出了一件像云朵一样洁白柔软的斗篷，还镶着一圈金灿灿的花瓣。

接下来，她在海滩上找到了被浪涛打磨得如象牙般光洁的兽骨。她用这些兽骨做出一架竖琴，又用自己的金发制成琴弦。她弹奏竖琴时，甜美的乐声吸引了成群的鸟儿。"现在我准备好了。"她说。

年轻妈妈披上镶金边的白色斗篷，带上有金色琴弦的洁白竖琴，找到精灵王国的入口，静静等待。

仙丘精灵选新国王的日子到了。精灵们聚集在秘密王国的入口，其中一个精灵发现了年轻妈妈和她那美丽的羽绒斗篷。"这斗篷你愿意拿什么换？"精灵问，"多少金子我都给！"年轻妈妈说她愿意用斗篷换取进入秘密王国、觐见国王的机会。交易达成，仙丘精灵便牵着女人的手，把她领进精灵们的地下王国，来到了国王面前。

年轻妈妈在仙丘国王面前坐下，拿出用自己的头发做成的竖琴弹奏起来。美妙的乐声把仙丘精灵们迷住了，他们求年轻妈妈把竖琴给他们。"这琴是有价的。"年轻妈妈回答。仙丘精灵们允诺给她任何她想要的东西。

"我什么都不要，就要我的娃娃！"于是仙丘精灵们把孩子还给了她。就在精灵们对竖琴及其美妙的乐声赞叹不已时，年轻妈妈抱起孩子，逃出了精灵王国，直到和孩子一起平安到家才停下脚步。

和《矮人妖精》中磨坊主女儿的孩子一样，故事里的孩子也危在旦夕，因为邪恶力量想把孩子据为己有。关于这位年轻妈妈，我们只知道她几乎没有可使用的资源。如果可供我们取用的心灵财富非常有限，我们也许就很难去信赖自己的创造性直觉，也很难表达想创造的欲望。在这种情况下，我们创造力的孩子确实会被轻易地夺走。

## 相信自己

故事里的年轻妈妈需要去寻找罕见的宝物，可起初她十分绝望，因为她只是个穷丫头。从心理学的角度来看，这就是我们不相信自己的创造能力。举例来说，我们也许会觉得自己没有足够的才华，没资格把艺术方面的兴趣真的当成一回事。要想救回孩子，故事里的妈妈必须强行驱散对自身的疑虑。也许就像罗琳那样，我们没能完全投身于创作，直到孩子以某种形式把它变成了紧急要务。

虽然年轻妈妈一贫如洗，并且怀疑自己根本找不到什么好东西，可实际上，她所处的环境里就有现成的材料。遭遇试炼或危机往往正是我们与自身资源相遇的时刻，它们既包括内在资源，也包括外在资源。这些资源也许一直都存在，只是我们未曾留意。

故事里最贴切的意象便是母亲用头发做的竖琴。我们的孩子，无论是真正的孩子还是创作的产物，最需要的往往就是我们，即使我们有缺陷、不完美。我们要做的，就是进入自己和孩子及创作事业的关系。

女主人公觅得的精致宝物本质平凡，这揭示出了创作事业的一个重点。也许说到创造力，你会联想到作家、画家、诗人和舞者。然而，以新观念来生活的冲动、用新眼光来看待旧问题或是为生活构想全新的方向，这些都能说明灵魂拥有无法遏制的创造性本能。在心里，我们都是艺术家。create（创造）的词源十分古老，指的是无中生有。发挥创造力就是将从未出现过的东西带到这个世界上。如果你是一名尚未找到创造力媒介的母亲，可以看看自己活力的来源。什么吸引你？什么让你干劲儿十足？也许是为下次家庭旅行制订计划，也许是煮一顿美味大餐，也许是用新奇的点子去解决问题。这些都是创造性本能在寻求表达。无论火苗在哪里燃起，我们都应该小心呵护。

我的来访者奥萝拉由抑郁冷漠的母亲和酒精中毒的父亲抚养长大。在她很小的时候，父母离婚了。奥萝拉本能地掩藏起了热情的天性，为的是能够适应父母因酗酒和抑郁而缺席的生活。还没来得及真正思考自己想要什么样的生活，奥萝拉就成年了。

　　我和奥萝拉在咨询中会聊到职业的话题。她有一份工作，有时候也觉得挺有意思，但是她总觉得自己的诸多天赋和才华没用对地方。当她怀上第二个孩子时，职业问题变得更加凸显。她不知道产假结束之后自己还想不想回去工作，开始考虑转行。儿子出生以后，她在再次面对这些难题时感到了一种全新的自信。养育第二个孩子让她感觉自己更加能干了，于是在职业与创造性事业的领域也充满力量。孩子几个月大时，奥萝拉做了这样一个梦。

　　　　我生了孩子，我在泵奶。孩子就在那儿，不过照看他的是别的女人，因为我把他送人了。我的母乳装了一瓶又一瓶。简直有 4 升之多！我意识到那个婴儿是我的儿子，我想把他要回来。我很生气儿子落到了别的女人手里。我告诉她有两个选择：要么离我近一点，要么把儿子还给我。我担心她为了报复不把儿子还给我，于是我起身走了出去。有一些忍者来训练我。回去时，我变强了。我感觉自己现在能成为很好的政治家。

　　和童话里的母亲一样，奥萝拉有轻易交出宝贵的创造力之子的倾向，因为她的童年没有得到过母爱。对于职业前景，她几乎不允许自己抱有野心。念头冒出来时，她就会以不务实或做不到为理由将它们扼杀。与之相似的是，童话里的母亲很快便失去了孩子，孩子被从她身边轻易地偷走了。

　　在梦里，奥萝拉送走了儿子，正如她轻易地送走了自己的梦想。尽管如此，和童话里的母亲一样，奥萝拉也惊讶地发现自己有那么多内在资源可以使用，而此前她从来没有意识到。她为孩子产出了巨量的母乳，还通过接受训练，成了强壮的精英战士。这让她足以成为一名优秀的政治家。在理想情况下，政治家是为他人获取福祉并拥有权力的人。在梦中，奥萝拉似乎是在努力夺回孩子的过程中找到了获取资源和力量的方法，跟童话里那位母亲的经历如出一辙。

在外在生活中，儿子的出生帮助奥萝拉允许自己去展望未来的创造性可能。她现在能更好地去养育自己想象力的产物。这样一来，她便获得了令人惊奇的通行权利，可以探访尚未被察觉的自己。她发现自己对目前的工作有了新的干劲儿，借着新萌发的信心，她拓展出了新的角色。不仅如此，她还对迄今为止没得到过承认的才能有了探索的兴趣，开始考虑某天自己创业。

孩子有办法对我们予取予求。尤其在他们的幼年期，光是熬过一天就足以让我们筋疲力尽，无暇他顾。女性的创造性生命很容易被母亲之旅的日常工作淹没。尽管如此，母亲之旅也能邀请我们对艺术创造的产物许下更深的承诺，为我们带来全新的契机去相信自己的创造性潜能。母亲之旅需要具身化和本真性，从而为意义重大的创造性事业提供深厚的基础。

## 思考题

**Q1** 创造力在生孩子之前以怎样的面目出现在你的生活中？做母亲之后又是以怎样的面目出现？养育孩子的同时坚持创造性活动或表达存在哪些困难？母亲之旅怎样令你的创造

性生命变得丰盈?

**Q2** 磨坊主利用女儿所谓的才华吹嘘自己,使得女儿被国王带走。而国王也用同样的方式对待女孩,就好像她的才华应该完全用于让国王发财。如果我们有父亲创伤,我们和创造力的联结就会受到影响,还会影响我们对亲密关系的选择。你和父亲的关系如何? 它对你和创造力的联结形成了怎样的支持或阻碍?

**Q3** 磨坊主把女儿送给国王,后来磨坊主女儿又许诺把第一个孩子送给伦坡尔斯提尔特斯金。总的来说,父母养育我们的方式极大地影响着我们养育孩子的方式。你和父亲的关系对你的养育方式造成了什么影响?

**Q4** 磨坊主女儿把自己的孩子许给了伦坡尔斯提尔特斯金,而《被偷走的娃娃与仙丘精灵》中,年轻妈妈刚把孩子放下,孩子就被抱走了。你是怎样弄丢或许诺出去你宝贵的创造性产物的?

**Q5** 磨坊主女儿必须取得力量去压制掌控自身创造力的恶魔,才能拯救她的孩子。母亲之旅是怎样帮助你明确创造性目标的?

**Q6** 《被偷走的娃娃与仙丘精灵》中的年轻妈妈几乎没有资源,并且一开始只能靠自己化解危机。后来,她向吉卜赛奶奶求助。吉卜赛奶奶象征着遭到贬斥或边缘化的内在女性实

质。无论是养育真正的孩子还是培养创造性产物，如果在
这个过程中面临危机，你会向哪方求助？你发现了哪些内
在或外在的资源？

Q7 《被偷走的娃娃与仙丘精灵》中，年轻妈妈为救出孩子不得
不去检视她的内在，最终找到了丰沛的创造性潜能。有的
时候，挑战能让我们展现出前所未有的能力。母亲之旅怎
样帮助你看到了之前不被欣赏的创造性力量？

第 9 章

# 取得权威感

我们的大部分困境都来自与本能的失联，与储存在我们体内被遗忘的
智慧的失联。

——《荣格访谈录》

　　在《两只匣子》的结尾，女主人公得到了金银珠宝，成功从井底返
回。金银珠宝有丰富的象征意义，因为它们美丽而持久。金子不会黯淡
失色，宝石不会腐烂萎缩。在本书中，我们所探寻的心灵财富也具有历
久弥坚的特质。其中一项心灵财富便是领会本能智慧，立足内在权威。

　　在我们的文化中，大部分人都与本能智慧存在不同程度的割裂。
在成长的过程中，我们一定会被教导要与灵魂深处汩汩而出的自然冲
动断开联系。我们被教导要远离愤怒与攻击，忽视微小的恐惧，驱除
欲念，只有这样，我们才能符合文化期待。我们与肉体感觉失去了联
系。我们听不清灵魂深处微弱的信号，而它们能让我们知道自己的感
觉和需要，能让我们察觉到像蝙蝠叫那样细微的危险信号。我们忘记

了该怎样聆听灵魂的低语，关闭了自己最敏感的渴望。

## 本能

自性化的旅程通常由本能来指引方向，因此，与本能的割裂会让我们在生活中漂泊不定，不知该去向何方，又该怎样前进。与本能的重新联结邀请我们承担起对生活的责任，让我们取回内在权威。authority（权威）一词源自拉丁文 auctor，意为"主人"、"引导者"或"作者"。取回权威感，意味着我们将成为人生故事的作者和命运的主人。

母亲之旅让我们有机会和本能的无意识智慧相联结，因为我们很早就会发现，孩子的安康取决于我们聆听与信赖内在冲动的能力。如果做不到，我们和孩子都得吃苦头。脱离本能的根基会让母亲之旅变得格外艰难。我们成长的文化环境是高度重视理性的，因此，我们也许会去压制危险来临时的警告，或者将非理性的渴望残忍地拒之门外。英国童话《赫比亚斯妖怪》描述了这种摧毁本能的倾向，说明了它会对我们和孩子的心灵带来怎样的影响。

启蒙故事 Enlightenment

### 赫比亚斯妖怪

从前，一个小女孩、一个老头和一个老太太住在一个麻秆搭成的房子里。他们养了一只小狗叫特比。一天晚上，可怕的赫比亚斯妖怪来了，它们喊着："赫比亚斯！赫比亚斯！赫比亚斯！撕碎麻秆，吃掉老头老太太，带走小女孩！"但是特比汪汪大叫，把赫比亚斯妖怪吓跑了。可老头很生气，因为狗吠声吵醒了他。到了早上，老头砍掉了小狗的尾巴。

第二天夜里，赫比亚斯妖怪又来了，它们喊着："赫比亚斯！赫比亚斯！赫比亚斯！撕碎麻秆，吃掉老头老太太，带走小女孩！"特比再次吠叫起来，吓跑了赫比亚斯妖怪，一家人得救了。老头又因为被叫声吵醒而大发脾气。到了早上，他砍了小狗的一条腿。

接下来的夜里又发生了和之前一样的事。到了早上，老头把小狗的另一条腿也砍了。事情发展到后来，特比已经没有腿了。但夜里赫比亚斯妖怪来的时候，小狗还是会叫。于是到了早上，老头砍掉了小狗的脑袋。

小狗死后的第二天夜里，赫比亚斯妖怪又来了，它们喊着："赫比亚斯！赫比亚斯！赫比亚斯！撕碎麻秆，吃掉老头老太太，带走小女孩！"赫比亚斯妖怪发现小狗特比的脑袋已经被砍掉了，于是他们撕碎了麻秆，吃掉了老头老太太，把小女孩装进袋子带走了。

赫比亚斯妖怪把小女孩带回家，挂起袋子，就去睡觉了，因为赫比亚斯妖怪是在白天睡觉的。小女孩大声哭泣，被一个带着大狗路过的男人听见了。他救出袋子里的小女孩，把狗放了进去。

夜里，赫比亚斯妖怪取下袋子打开时，大狗跳了出来，把妖怪们吃光了。所以，现在再也没有赫比亚斯妖怪了。

特比象征的是我们的有益本能，它永远在指引我们，即使我们拒绝聆听。无论遭到怎样的漠视或伤害，感人的特比始终没有停止吠叫。同样，携带着无意识智慧的梦境会永远造访我们，无论我们是否留意。我们可以把对狗实施惩罚的老头理解为一种内化的声音，它代表的是文化或家庭中试图驱散恐惧、将我们的感受说成是在发疯的那一面。危险来临时，他宁可睡觉，即保持无意识的状态。

有趣的是，故事里的老太太只是一笔带过。她完全被噤声，根本无法站出来反抗老头或保护孩子。最终，特比被杀死，可怕的赫比亚斯妖怪吞吃了老头和老太太，留下了手无寸铁的小孩。

如果我们无视内在的冲动，一味听从"专家"的建议，我们就是在残害自身的本能。以下是一位母亲的痛苦经历，她任由本能被压制，让内在的特比遭到了肢解。

> 我被推进产房。那是二十世纪六十年代初期，谈意识已经过时了，人们追求的是无意识状态。我被扎了一针，进入了昏睡。在产房里，我什么都感觉不到，什么都看不见。我只记得有人摇晃我的手臂，有声音隐约地说："是男孩。"那是六十年代初期，分娩后好几个小时我才见到我的儿子。当时，医院还不允许母婴同室。父亲只能在约定时间探视。母乳喂养过时了，喂奶粉才是主流，连续四周请保姆帮忙才是主流……至于和婴儿建立羁绊，这么说吧，根本没人聊什么羁绊不羁绊的。
>
> 我和丈夫好像做了父母，可我们自己都还是小孩。四周后保姆走了，我开始哭。我受到了很大的打击。我才二十三岁，就被绑死了。我的日程就是喂奶粉、换尿布、洗澡、哄

睡。那些建议我听得滚瓜烂熟，"别惯着他，别把他抱起来，让他哭。我们就是这么带你的。听我们的没错，我们是你的父母，养大了两个孩子，我们知道该怎么办。他一哭，你就投降，是最糟的。如果他是要换尿布或想吃奶，你能看得出来，如果不是因为这些，就让他哭，最后他会睡着的。"

我听从了他们的建议……我想做一个好妈妈，养一个不娇惯的孩子。于是，我给他喂奶粉，给他换尿布，给他洗澡，他哭的时候我就让他哭。

到了八十年代初期，我发现有些女性开始在公共场合与自家安静的角落实施母乳喂养。通过《奥普拉秀》，我得知人可以有需求和欲望。我听到了一些词语，类似"联系""温暖"与"建立羁绊"。我心里有个地方难过得发痛，很想大哭一场。我渴望回到儿子的婴儿时期，把那个小宝宝抱起来，亲吻他的眼泪。我渴望把他抱进怀里，哄他睡觉。但是，没有第二次机会。

现在是九十年代，我的儿子已经成年。对我来说，感受痛楚、感受一切成了主流。①

作者对年代的反复提及让我们意识到，我们所处的文化语境在很大程度上塑造了我们关注内在认知的能力。美国当代女性往往在没有接触到女性间代代相传的传统知识的情况下便踏入了母亲之旅。因此，我们会倾向于听取专家的意见，就看当时什么意见占据主流。对母乳喂养观念上的转变就说明，文化规范能摧毁我们的本能反应。哺乳是一种有几百万年历史的生物行为，性交亦然，它们确保人类得以存活

---

① Myla Kabat-Zinn and Jon Kabat-Zinn, *Everyday Blessings: The Inner Work of Mindful Parenting* (New York: Hyperion, 1997), 374 – 376.

与繁衍。尽管如此，在二十世纪中期，只用了不到四十年的时间，母乳喂养这一行为就几乎从工业社会中消失殆尽。

艾丽斯·伊芙·科恩（Alice Eve Cohen）在有关母亲之旅的回忆录《我以为我知道》（*What I Thought I Knew*）中讲述了一个有关女性本能受损的可怕故事。由于母亲曾服用 DES，即首种合成雌激素己烯雌酚，科恩一直被告知她是不育的。因此，当她出现怀孕症状时，她和医生都误判了。停经和反胃被归结为更年期。科恩针对她的胸部疼痛、腹部隆起、无法入睡等做了好几次 X 光检查，医生给她开具了大剂量的合成雌激素。由于担心腹部那个大得可怕的隆起是肿瘤，科恩去问诊并紧急接受了 CT 扫描，却发现肿瘤竟是已达孕中期的胎儿。由于怀孕期间服用的大量雌激素影响了胎儿的发育，子宫中的孩子有性器官不明的问题。

科恩的故事是一个非常个人化的例子，说明了与本能脱离后，女性能量会受到怎样的损伤。给她母亲开具己烯雌酚的医疗机构损伤了科恩的生育能力，而同一家机构又继续支持她否认身体的真实反应。尽管科恩有疲倦、恶心、失眠、尿频、胸痛、髋骨疼痛和胃酸反流等症状，她和医生都没想过这是怀孕。发现自己是怀孕以后，科恩曾询问某位医生她是不是应该去做流产，对方尖锐地指出："你也够傻的！过去六个月，你一直在否认这件事。每个女人都能下意识地知道自己怀孕了。"[1]科恩怀上的女孩性器官不明也带有强烈的象征意味。幸好，最终出生时，科恩的女儿十分健康。

---

[1] Alice Eve Cohen, *What I Thought I Knew* (New York: Penguin Books, 2010), 44.

## 遇见黑暗的女性能量

　　做母亲的时候，我们非常需要女性本能，也就是在梦境和童话里以老妇人的形象出现的存在。幸运的是，怀孕和母亲之旅都会邀请我们与本能智慧建立联系。肉体，尤其是女性肉体，正是黑暗女性能量的场域。它很早就被我们的文化驱逐了。我们被教导说肉体是羞耻的、肮脏的、危险的与诱惑的。我们逐渐与肉体分离，无法聆听它们的智慧。我们因肉体的尺码、形状或颜色不对而对它们感到厌恶。西方女性是一定会在某种程度上与肉体分离的。从根本上说，怀孕、生子、哺乳和照顾小孩就是肉体的具身化体验。怀孕往往就是女性直面自身肉体性的时刻。在第一次怀孕的过程中，某位女性不断通过以下梦境与象征肉体的原型老妇人相遇。

> 　　我在田里拔土豆苗。一个不认识的老妇人走到我面前。这时，我发现土豆其实是埋在土里的可爱娃娃。老妇人告诉我，这些娃娃是我的胎儿。我大为惊奇，心中五味杂陈。最后，我伤心地醒了。[1]

　　造梦者得到启蒙，知晓了怀孕与分娩的秘密。身为大母神的老妇人教导女人，她正在经历的这件事不归意识自我控制，它属于生与死的伟大奥秘。

　　在怀孕的过程中，肉体真实以困倦和恶心的形式掌控着我们。我们无法用意志来驱除背痛或腿抽筋，无法忽视日益膨胀的肚皮。当然，更加无法忽视的是妊娠与分娩，它具有纯粹且原始的肉体性。把新生

---

[1] Regina Abt, Vivienne MacKrell, and Irmgard Bosch, *Dream Child: Creation and New Life in Dreams of Pregnant Women* (Einseindeln, Switzerland: Daimon Verlag, 2000), 50.

儿带回家以后，我们就彻底进入了肉体的领域，因为每小时我们都得面对粪便、呕吐物、尿液与母乳。这也许是我们第一次和微妙的肉体活动完全调谐：我们会监测新生儿的呼吸，颤动的眼皮说明他在熟睡；哭之前，他会不出声地表现出烦躁不安，我们就知道他可能是饿了。在怀孕和哺乳的过程中，我们会对肉体安静而神秘的智慧产生新的敬意，因为它知道怎样把两枚小细胞编织成一个完整的新生命，怎样制造出食物喂饱他。我还记得只要宝宝哭了，我就会溢奶，我因此对身体肃然起敬。

无论是本能的肉体智慧，还是让我们不惜违背主流文化意愿也要去采纳这种智慧的激烈情感，都是原型老妇人的特质，都是女性阴影能量的一部分。与老妇人的相遇——与这个愤怒的、本真的、巫性的恶女相遇，能让我们重新获取她的力量。一旦成为母亲，我们就会去寻找这名老妇人，因为我们迫切需要她的智慧。传记作家简·拉扎尔（Jane Lazarre）在她的第一个孩子本杰明还是小宝宝时，曾梦见公寓里有密室。

> 我走进了我住的公寓后面那个没人住的房间，惊恐地发现有人在里面生活……
> 我梦见我让他哭了很久。等我终于走过去抱他时，他已经病了，并且因为哭得太厉害而流血。他没穿衣服，瘦得厉害。他那头漂亮的卷发都掉光了。
> 我抱着他，跑去找住在后面房间里的人。我让他们去找医生。他们离开去打电话，这时我发现他们把房间装饰得很漂亮。屋子很整洁，沙发上铺着织锦缎做的垫子。这时我发现，这只是没人住的房间之一，后面还有一间。我走进去，怀里还是抱着本杰明。我发现这个房间装饰得不好。它像是

装修过，但是毫无个性或特点。我很惊讶，没想到这么随便就能走进这两间屋子。可还有第三间，我没有进去，里面很黑。我感觉那里有人能让本杰明好起来，也许那人就是在我小时候去世的祖母。我用旧的婴儿毯包住本杰明，紧紧地把他搂在怀里，看着那个黑暗的房间。[①]

在梦里，拉扎尔知道她必须走进黑暗，原型老妇人就住在里面。她能在那里找到养育儿子的智慧。

## 压制内在知觉

到我长大成人的时候，在质疑本能这件事上我已经训练有素。生孩子那年我三十六岁，这个年龄也是时候把丢失的本能智慧取回来了。但是，我为养育孩子开启的这个本能模式似乎一直在遭受攻击，不幸的是，我常常在考验面前败下阵来。

我的儿子两个月大时，我们开始竞标一座新房子。我对买新房这事有点犹豫，不过当时新生儿和汹涌的产后激素已经让我无暇他顾。就在那段时间里，我在一本育儿杂志上读到了一篇讲小孩铅中毒的文章，我心里莫名响起了警报。我保存了那篇文章，想着搬家时绝对要做一次房屋环境检测。可搬家后，我们手头有点紧，就没有做检测，但我还是担心铅的问题。一天早上我猛然惊醒，突然想明白了一件事，孩子的游戏室就是上一任屋主用来制作彩绘玻璃的房间。做彩绘玻璃不就要用铅吗？我跟儿科医生约诊，谈了这件事。他说我的担心有道

---

① Jane Lazarre, *The Mother Knot* (Durham, NC: Duke University Press, 1976), 89.

理，应该给孩子做检查，要是结果正常，那我就能"松一口气"了。两个孩子的血铅水平都是 4，完全在正常范围内。

但我还是担心。房子有毒的恐惧像蒸汽一样笼罩着我。这似乎很不理性，但这种恐惧就是挥之不去。我的担忧是源于内心深处的本能吗？或者只不过是焦虑症发作？深处的知觉与表层的冲动很难分辨，尤其是文化或许还有原生家庭一直在教我们无视本能与直觉。直觉在你安静时向你诉说，焦虑却趁你不安时将你啃噬。焦虑容易和直觉混淆，但是当真正的直觉显露时，你能看到它的不同之处。它发出的虽是轻柔而模糊的低语，但它本质上是一种认知。我们用来分辨二者的是信赖——信赖我们自己、我们的肉体与我们的历程。就像小狗特比一样，即使我们置之不理，本能也不会停止警告。

即使我对它半信半疑，有关儿子面临潜在危险的直觉始终没有离我而去。屋子里可能有铅的念头一直阴魂不散。我问了所有邻居，他们的回答很含糊，但都跟我说没事。他们要我别急着重新装修，先做过表层检测再说。我留下了本地油漆匠塞过来的名片，觉得可以把一些开裂的地方重新粉刷一下。我买了专门的清洁用品，尽量增加拖地板的频次。每次看医生，我都会提到铅的问题。儿子九个月体检的时候，作为标准流程之一，儿科医生再次检测了他的血铅水平。我甚至期待血铅水平能至少升高一点点，那样我就能有充分的理由把这个问题摆上台面。但是孩子的血铅水平还是 4。

即使如此，我还是提心吊胆。

到儿子一岁体检的时候，我仍然非常担心铅的事，于是，我要求医生额外给他做一次血液检测。这回，血铅水平是 32，几乎高出安全数值三倍。血铅水平若达到 45 往往就需要立即入院治疗了，如果达到 90，就会导致癫痫发作甚至死亡。后续检测表明，由于曾制造过彩绘玻璃，游戏房里的铅粉含量高得不可思议，连地板夹层都全是细小的铅粒。在我心里，某个神秘的部分就是知道这屋子会让我儿子中毒。可我一直在做"好姑娘"。出于财务上的担忧，我让自我噤声。内化声音告诉我，现在需要的是存钱，不是去考虑这种事，那是不负责任的幼稚行为。有关铅的黑暗想象只不过是"女性化"的非理性恐惧。这份担忧没有任何客观依据。深沉永恒的女性知觉始终在警告我儿子有危险，可我却背叛了这部分自我，任由它被压制。最终，我的儿子付出了代价。

确诊数月之后，我做了一个梦。这个梦清晰地阐释了这一事件对我和我的灵魂所具有的重大意义：

> 女儿出问题了，也许是轻微的铅中毒。丈夫劝我，不如说是我顺水推舟，最好的选择就是杀了她。我们在奶瓶里下了毒。她躺着，没穿衣服，喝着奶。我看着她的脉搏逐渐消失，内心毫无波澜，就像在开一个玩笑。突然间，我反应过来了，我开始冲丈夫发火。我对着他尖叫，说都是他逼我的，但为时已晚。

这个梦让我感觉肝胆俱裂，即使过去了这么多年，它依然烙印在我心里。我一直很顺从，任由自己被说服，牺牲了一些敏感的女性智慧。虽然在现实生活中，被我的自我背叛伤害的是我的儿子，但在梦里，被献祭的却是我的女儿。这一点很关键。在梦里，女儿象征着女性本能。母亲之旅唤醒了我与女性本能自我新的关系。是女性的本能自我告诉我房子有毒，我背叛的也正是她。梦里的丈夫是一种内化的形象，也就是那个让我们走向自我怀疑的内化声音。

撰写此文时，我的儿子已长成少年。没有迹象表明铅给他带来了伤害，但我可能永远也没法知道，在他血铅水平升高的那几个月里，是否有几盏灯因此熄灭。我知道，如果我没有要求做第三次检查，孩子在铅环境里的暴露时间会更长，影响会更大，结果会是真正的灾难。无论如何，我明白自己再也不能退缩，我要取回我的女性权威感与智慧，它既能带给我抵抗理性解释的直觉，也能让我拥有坚守立场的力量与愤怒。

## 获得侵略性

取得权威感就意味着我们可以更自如地使用攻击能力。没有那么一点健康的狂暴，我们就不可能维护我们的认知。因此，正如前述章节所言，它完全取决于我们是否曾与阴影交锋并将之整合。只要能和黑暗的女性本能建立起创造性联结，我们的生活就会充满活力，更加真实。

儿子确诊铅中毒几年后，我做了如下的梦：

> 我在一间漂亮的店铺里。亮灯的玻璃柜台中摆放着一件用黑色石头刻成的无价之宝。那是一个滴水兽（Gargoyle）样式的塑像，与我的拳头一般大小。我莫名知道那是一件仪式用品，很久以前用于宗教目的。它挂在一根线绳上。我问老板能不能拿给我看看。当我把它挂上脖子时，那东西的眼睛发出红光，它活了。它攻击了和我一起的人，让他们无法呼吸，因此每个人都在抓自己的喉咙。我很害怕，拼命想控制住这个塑像。为此，我用给固执的儿子立规矩时同样严厉的

口气对它说话。它停止了攻击。我的同伴们平安无事。我控制住了这股狂暴的力量。我有些后怕，但也略感兴奋。店里的其他人都同意，这个图腾理应归我所有。

滴水兽的意象来自法国中世纪的传说，据说在塞纳河栖居着一种类似龙的喷火怪兽，叫 gargouille。它吞食船只，恐吓村民。圣徒罗马努斯在一名囚犯的协助下制服并镇压了这头怪兽，并将其遗体带回来焚烧。然而，由于自身火焰的长期回火，它的头和脖子无法被烧毁。于是，人们就把它的头和脖子挂在教堂顶上以吓走恶灵。

圣徒在法外狂徒，即阴影的帮助下制服怪兽是故事的关键。正如前文所说，阴影隐含着天赋。我们在危机时刻需要的是盛怒，但它却因不允许存在而与我们自身分离。就像故事所说，取回被否认的自我能帮助我们征服恶魔，并制造出具有长久价值的东西。可怕的喷火怪兽成了有益的滴水兽。它的能量不再用于毁灭，而是用来驱除恶灵，引走雨水。

我的梦境告诉我，在母亲之旅中，我是怎样开始学着去运用我的攻击性和愤怒，好让它服务于我的本真的。我曾对孩子们树立权威甚至表达攻击，通过这些经历，我学会了怎样运用另一面的自己，如此一来，我就能让意识人格去使用这种惊人的力量，帮助我维护自身的权威。

## 失去双手，找回双手

如果能够听取原型老妇人深邃的智慧，获得她的一部分权威感和理解力，我们就能成为更好的母亲，也会更加接近完整，过上真实的生活。对很多女性来说，在生孩子之前，获取权威感似乎是不可能的事情。跟那个声音对抗实在是太痛苦、太可怕了，因为它认为我们根本不知道自己在说什么。于是我们任由它啃噬灵魂，面对数不清的细小的损失，我们一声不吭。但是，一旦有了孩子，我们的态度就变了。突然间，有这样一个人需要我们来负责。我们知道，必须搞清楚该怎样聆听自己，否则孩子就得受罪。

从亚洲到非洲，几乎所有传统童话里都有《无手少女》这类的故事。它讲述的是年轻女子为了父亲被献祭，因而丧失了在世间活动的能力，但是母亲之旅帮她取回了这一能力。以下版本主要来自格林兄弟，不过结尾用的是意大利流传的版本。

## 无手少女

一位磨坊主陷入了穷困。有一天，他去森林里捡柴火，一位老人来到他面前，说自己能让他获得不可思议的财富，只要磨坊主许诺把磨坊后立着的东西给他。磨坊主心想，磨坊后只不过长着一棵苹果树，便同意了。老人说，他三年后来取约定的东西。

磨坊主回到家，妻子激动地迎接他，说家里的箱子、匣子装满了财宝。磨坊主解释说，自己和老人做了一笔交易。他很得意用一棵老苹果树就换了这么多财宝。可妻子的脸一下变得煞白。"那人肯定是恶魔，"妻子对磨坊主说，"他说的不是苹果树，而是我们的女儿，她正在后院扫地呢。"

　　恶魔来带走女孩的日子到了。磨坊主女儿把自己洗得干干净净，然后用粉笔画了一个圈围住自己。这样一来，恶魔就无法靠近她了。愤怒的恶魔命令磨坊主把水拿走，好让女孩没法洗澡，不然恶魔就无法控制女孩。磨坊主很害怕，便听从了恶魔的吩咐。第二天早上，恶魔又来了，可女孩却对着双手哭泣，把手冲洗得很干净。"把她的手砍掉！"恶魔命令磨坊主。磨坊主担心自身的安危，便听从了恶魔的吩咐。女儿依旧很顺从，垂下双手，任由父亲砍去。恶魔第三次来的时候，女孩已经对着残肢流了很久、很多的眼泪，因此它们非常干净。恶魔只得作罢。

　　磨坊主女儿宣布，她再也不能和父母一起生活了，她要自己找一个容身之处。她走啊走，直到夜幕降临。这时，她来到了一座皇家果园，里面种满了挂着漂亮梨子的梨树。女孩一天没吃东西了，于是她张嘴往上够，咬下了一颗悬在低枝上的梨子。

　　第二天，拥有这座果园的国王来了。他清点了梨子的数量，发现少了一颗。当晚，国王躲进果园里准备抓贼。这时，他看到了无手少女正从低枝上咬梨子吃。国王被女孩的美貌征服了。他走到女孩面前，请她随他回宫。女孩既美丽又善良，国王深爱着她，便为她做了一双银手。无手少女与国王结婚了。

　　一年后，国王必须外出打仗，便请老母亲来照顾年轻的王后。国王不在的时候，无手少女生下了两个漂亮的男婴。国王的老母亲给儿子写信告知这一喜讯，可是信使睡觉时，恶魔调换了信的内容，说王后生的是怪物。

国王读了信，十分震惊和烦恼，但他还是立即回信，要求细心看护他的妻子。信使在回王宫的路上又睡着了。恶魔又调换了内容，让国王的老母亲把王后和孩子都处死，并且留下王后的舌头和眼睛作为奉命行事的信物。老母亲很震惊，但由于恶魔从中作梗，她无法进一步联络自己的儿子。

最终老母亲流着泪，决定牺牲一条无辜的生命。她杀死一头牝鹿，留下鹿的舌头和眼睛。接着，老母亲把王后送入森林，让她永远不要回来。无手少女把孩子绑在背上，含泪离去。

女孩漫无目的地在森林中游荡了很长时间，最后来到一片池塘前。池塘边坐着一位老妇人。无手少女请老妇人帮她从池塘里舀点水喝。

"不行。"老妇人回答。她让无手少女跪下来喝水。

"可是您没看到我没有手吗？如果我跪下来喝水，我的孩子就会从背上滑进水里。"

"那有什么要紧的，"老妇人回答，"去试试吧。"

无手少女便跪下来喝水，就在这时，婴儿从她背上滑进了池塘。

"我的孩子！救命啊！他们要淹死了！"少女哭喊着，恳求老妇人帮忙。可老妇人不为所动。

"不要害怕，"她说，"他们淹不死。伸手拉他们出来吧。"

"可我怎么拉呀？我没有手！"

"那就把断肢伸进水里。"

无手少女为了救孩子，把断肢伸进了水里。这时，她发现手长回来了。她把孩子们平安地拉出了池塘。

"再会了，"老妇人说，"现在你有手了，凡事能靠自己了。"不等无手少女说出感激的话，老妇人就转身离开了。

王后和两个孩子在森林小屋里住了七年。一天，有人敲响了房门。那人一脸悲伤，又累又饿。他解释说，许多年前，他的妻子和两个孩子失去了音信，此后他一直在找他们。王后表明了身份，说自己就是他的妻子。男人一开始并不相信，因为他的妻子有一双银手。于是王后走进隔壁房间，拿出了那双银手，原来她一直留着。于是国王认出了王后，夫妻终得团圆，从此幸福快乐地生活在一起。


我们中的许多人都受过和无手少女类似的伤害。我们顺服于文化或家庭的要求，斩断了一部分重要的自我。我们放弃了双手，也就是自由掌管自己生活的能力。没有手，我们就没有了行为能力，就会陷入被动。磨坊主女儿被截肢是一个强烈的意象，象征着女性与父亲创伤达成了共谋。这里的父亲可以是相处起来十分痛苦的个人意义上的父亲，也可以是文化意义上的父亲的消极面。无论是哪种情况，带来创伤的行为主体就活在女性心灵之中。施害者就在我们心里。

童话故事里的国王往往代表占主流地位的集体价值观。无手少女嫁给国王，说明她能暂时迎合大众的期望。银手也象征着对文化"足够好"的适应能力。它们是机械的非自然产物。假手让女孩具备更好的生活能力，但它们不是真的，不属于女孩。嫁给国王，取得银手，代表的是作为过渡的适应过程，而非大团圆结局。

文化中有些部分要求我们顺服，如果我们为之献祭出双手，我们的孩子就会很容易滑进水里，我儿子的事就是一例。虽然我在冥冥中知道屋内可能铅超标，但我还是让儿子中了铅毒。不过对我们中的许多人来说，一旦孩子面临危险，我们便明白不能再这样被动地接受创伤。无手少女与古老的女性认知相遇了，池塘边的老妇人显然就是女神。深邃的女性本能智慧让少女不再被动，因为事关孩子们的安危。我们会竭尽全力去做以前做不到的事，因为现在我们知道自己必须努力去拯救和保护我们的孩子。就在破釜沉舟的刹那，我们得到了治愈。我们有了自己的双手。我们长成了真实的自己，依照自身的权威感来生活。

## 治愈

当母亲之旅要求我们展现出最好的自己时，我们也许就会像无手少女那样，发现自己开启了不可思议的治愈潜能，取回了受损的行为能力。凯瑟琳是我的一位来访者。她在新手妈妈阶段的经历帮助她度过了极其艰难的处境。凯瑟琳在佐治亚州的贫苦农家长大。她的母亲有毒瘾和酒瘾，父亲大多数时间是缺席的。凯瑟琳的早年经历以混乱与不健全为主要特点。虐待、暴力、遗弃都是她童年的一部分。

十五岁那年，凯瑟琳怀孕了。她决定留下这个孩子。她清楚地记得自己和小宝宝一起待在卧室的场景。女儿躺在地板上，凯瑟琳坐在她身边看着她。虽然当时凯瑟琳年纪尚轻，但她能强烈地感觉到自己的父母是失败的。决心油然而生，为了自己的孩子，她要做更好的妈妈。随着孩子的出生，凯瑟琳保护、存活及心盛（flourishing）①的本能得以显现并有了坚定的表达。她低头看着女儿，大声说："你将来会念哈佛！"

对女儿的这个承诺成了凯瑟琳的磁石。她在某种程度上领会到，只有自己先脱离贫穷与混乱，才有办法把女儿送出去。其实凯瑟琳一直是个很有天分的学生，她喜欢上学，成绩优异，不过这回她有了史无前例的决心，要好好学习，拿到毕业证。得知她成了少女妈妈之后，父亲对凯瑟琳表现出了厌恶与拒绝。即使如此，凯瑟琳仍锲而不舍地求父亲为她支付大学学费，直到取得了对方的同意。凯瑟琳有一位支持她的姑姑，能帮忙照看她的女儿。就这样，凯瑟琳读完了大学。最终，她在一个竞争激烈的领域拿到了博士学位，成了颇有造诣的专业人士。就这样，凯瑟琳带女儿脱离了不健全的原生家庭，给了她一个温暖稳定的家。从本质上说，凯瑟琳实现了对女儿的承诺。她的女儿之后学业有成，现在是一名专科医生。

女儿出生时，凯瑟琳是一名生活在不利环境中的青少年，已经携带有大量的创伤。她几乎没有资源与帮手。她是怎样做到自救，甚至把女儿也救出来的？那天，凯瑟琳对幼小的孩子做出的那场难忘的宣告，正是一次和内在本能自我的相逢，就像无手少女在池塘边遇到了

---

① 积极心理学的重要概念，指一种高度健康的心理状态，包括人在生活中充满热情和活力，能在互动中表现得积极主动等。——译者注

老妇人。老妇人让少女知道应该怎样取得行为能力和权威感，这样才能医治自己、拯救孩子。这场相遇促使凯瑟琳对自己的人生负起了完全的责任。"现在你有手了，凡事能靠自己了。"池塘边的老妇人如是说。当凯瑟琳发觉自己对女儿负有巨大的责任时，她便得到了这份领悟。

母亲之旅让凯瑟琳转变。它以不同的方式让我们所有人转变。它如同淬炼之火，将无用的部分焚烧殆尽。它要求我们为自己和孩子挺身而出。它召唤我们成为注定要成为的人。母亲之旅邀请我们取得我们的智慧，维护我们的认知，即使要跟自我怀疑和他人狂风暴雨般的批判对抗也在所不惜。只要我们能做到这些，我们就能得到解放，走上我们真正想走的道路，书写只属于我们自己的故事。

## 思考题

**Q1** 你能否识别出，自己是以何种形式被教导压制住本能的？在母亲之旅中，你是怎样接近本能智慧的？母亲之旅让你和本能的关系发生了什么改变？

**Q2** 在《赫比亚斯妖怪》里，小狗特比警告家人危险来临，老头不但拒绝聆听，还惩罚了小狗。你在生活中忽视过本能对潜在危险做出的警告吗？你怎样令你和本能的关系出现裂痕？也许面对怀疑或恐惧时，你会视之为荒谬或是对其轻描淡写，这给你的育儿带来了什么影响？

**Q3** 在《赫比亚斯妖怪》的结尾，猎人的狗吃掉了邪恶的赫比亚斯妖怪。因为无人聆听，小狗特比没法保护家人。猎人的狗就强壮有力得多。如果我们过去曾经因为没有听本能的话而受过伤害，那么我们很快便会更愿意信赖本能。你的本能在生活中有没有像猎人的狗那样，给予过你强大的自我保护？

**Q4** 在《无手少女》中，女儿甘愿为父亲牺牲双手。我们中的许多人会为了迎合家人或文化的期待而斩断部分自我。你是怎样割除部分自我的？这给你带来了怎样的残缺？这个创伤对你的养育方式带来了什么影响？

**Q5** 无手少女起初没办法照顾自己，只能仰赖陌生人的善意。许多女性都经历过这样的人生阶段，靠他人来获取关爱、方向或指引。你有过这样的经历吗？

**Q6** 只有在孩子面临危险时，无手少女才得到了成长——手长回来时，她取得了行动能力，从此得以养育孩子和照顾自己。母亲之旅怎样邀你对自己和人生担负起更多的责任？

**Q7** 无手少女与池塘边的老妇人相遇，结果得到了医治。你在生活中有没有通过和女性智慧建立联结而获得滋养？你找到过这样的能量吗？于内在世界还是外在世界，或是两者兼有？与这一能量构建的联结是怎样治愈你的？

**Q8** 母亲之旅怎样帮助你取回双手，找到了内在的权威感？

# 旅人心态

写作本书的灵感种子是在差不多十五年前种下的。如今，我再也不是那个推着双人婴儿车，苦兮兮地走在十二月冷风中的人了。母亲之旅改变了我。我变得更谦卑、更智慧、更自信、更能忍耐、更豁达、更激烈，也更勇敢。我对世界的认识比做母亲之前以为的要少，但我也对自己有了更多的了解。"如果你真想理解生命，"精神病学家 M. 斯科特·佩克指出，"生养孩子也许是最佳途径。"[1] 想了解自己，生养孩子或许也是最佳途径。

母亲之旅带你通往内在王国。在这里，你将见到昔日创伤的幽灵，将与黑暗交锋，将和本能自我偶遇。如果顺势而为，母亲之旅将带你潜入深井，在那里，你将首次见到原型老妇人。如果你能怀着正确的心态与她相处，把她服侍好，她就会带给你智慧的宝藏。

---

[1] M. Scott Peck, *In Search of Stones: A Pilgrimage of Faith, Reason & Discovery* (New York: Hyperion, 1995), 151.

　　为了充分利用这场与自己的相遇，你该采取什么心态呢？丹尼尔·A.休斯和乔纳森·拜林在有关父母依恋的书中提出了四种能帮助我们与孩子保持联结的重要心态，它们同时也能帮助我们与自我保持联结，尤其是在面对压力或挑战的时候，而这并非巧合。这四种心态的英文首字母缩写是"PACE"，分别指游戏（playfulness）、接纳（acceptance）、好奇（curiosity）与共情（empathy）[①]。

　　**游戏**。拥有游戏心态，即允许尝试，灵活多变，能够随心而动，愿意感受快乐，会给意料之外的事留出空间。在你经历困境，即感到悲伤、孤独、疲惫或愤怒时，培养游戏心态会很难。但是如果你能做到，那么无论面对何种挑战，你都可以收获全新的方向。游戏心态会在你到达忍耐极限时出现。本来想哭的你反倒笑了，因为你看到了处境的荒谬之处。它会在你自己或孩子陷入僵局时出现，带你另辟蹊径。游戏心态让我们能热情地迎接梦境、直觉等来自无意识的话语。我们会把玩梦境的意象，让它对我们产生作用。游戏心态让我们拥有豁达的心，不让我们陷入死板和防卫的状态，不必非让意识人格占据主动和控制局面。拥有游戏心态，我们就能向生活敞开怀抱，接受任何一种赠予，随时准备好拥抱冒险。游戏心态是死板的对立面。人不可能同时展现出游戏心态与死板。

　　**接纳**。能接纳最糟糕的自己绝非易事。在这方面，母亲之旅能给你带来许多契机。即使你在某些育儿事务上还是有所纠结，只要你能做到自我接纳，你就能走向智慧与转变。"我们无法做出任何改变，除非我们接纳。"荣格写道，"责难不能解放，只会压制。你所抗拒

---

① Daniel A. Hughes and Jonathan F. Baylin, *Brain-Based Parenting: The Neuroscience of Caregiving for Healthy Attachment* (New York: W. W. Norton, 2012), 102.

的不但不会消失，还会变得更强大。"[①] 作为母亲，我们的挑战是接纳自己当下的模样，而非理想的模样。我们的文化让我们相信，只有各方面都出类拔萃才是好妈妈。我们应该懂烹饪、有条理、会安排、知缝补、善协调，又有分寸感；我们要会玩、会打扫、会安抚、会讲故事、会做手工，还会喂养；我们要有造诣、有成就，既能当导师又可给予灵感；我们要有条不紊，勤劳肯干，还要积极向上。诸如此类。可事实上，身为母亲的我们拥有的是不同的能力。你可能擅长跟孩子交流思想，但在烹饪方面乏善可陈。你也许很会哄着孩子干家务，但是不知道该怎么参加他们的假想游戏。将特长与短处一并接纳是拓展自我感的根本。接纳是蔑视的对立面。人不可能同时表现出接纳与蔑视。

**好奇**。curiosity 一词源于"照顾"的拉丁文。若想参与内在生命，好奇也许是最需要培养的重要心态。好奇的力量能抵御自我批判的鞭打。如果犯了错，随之而来的不再是一连串的自我虐待，而是对自己的好奇：我刚才又对孩子吼了。我很好奇，吼之前，我是什么感觉？今天，我是不是有什么烦恼？在我身上究竟发生了什么？当你反复这样做，把对自己怀有好奇变成一种训练，你就创造出了空间。好奇令自责噤声，反而能让我们进入解决问题的状态。你能专注于思考此事为何发生，可以怎样解决或下次怎样改善，而不是忙着揪自己的错。这样一来，好奇便领着我们归位，让我们得以运用创造力，去寻找新的领悟或解决方案。严苛的内在批判必须让位，因为你已远离自我责备，走向了自我认知。你成为对自身怀有强烈兴趣的客体。你会发现你比自己以为的要复杂得多。你学会了尊重自身的复杂与矛盾。即使

---

[①] C. G. Jung, *Modern Man in Search of a Soul* (New York: Harcourt, Brace, & World, 1933), 234.

做不到一直喜欢自己，至少我们能对自己怀有兴趣，认为自己有进一步研究的价值。好奇是评判的对立面。人不可能同时表现出好奇与评判。

**共情**。与他人共情让我们得以体会别人的疼痛。与自己共情意味着允许自己体验创伤与痛楚，用温柔和同情来对待自己。发现孩子情绪低落时，你很可能会感同身受，你会去安慰他。你自己情绪低落时也可以这样做。承认自己很受伤，不去评判是否"有必要"这样。无论何种感受都去迎接它们，它们想占据多大的空间都可以。充分体验这些情绪，不要告诉自己你不该对儿子成绩不好感到失望，因为你必须接纳自己的小孩。要允许自己感受那份失望，在这个过程中给予自己善意与同情。只要情感充分释放，你就更容易对负面想法发起挑战，想出创造性的解决方案。自我同情能帮助我们抑制神经系统，回归相对平和的状态，以应对手头的各种问题。俄罗斯童话《美丽的瓦西里萨》中，女主人公的母亲在临死前给了她一只魔法小娃娃。当瓦西里萨不知所措、焦虑不安或筋疲力尽时，她就给娃娃喂食，向它诉说烦恼。这时娃娃就会开口说话："现在去睡觉吧，瓦西里萨，因为早晨的智慧胜过夜晚。"娃娃象征着内化的好妈妈，它聆听并给予共情的良药。你可以做自己的好妈妈，好好照顾自己，你会拥有全新的能量去解决问题。共情是自我批判的对立面。人不可能在批评自己的同时又对自己共情。

在那些漫长而孤独的日子，当我们面对自己时能怀着游戏、接纳、好奇与共情的心态，我们就有了工具，能将无用的痛苦转化为自我理解的心灵纯金。如果你能认识到自身丰富的复杂性，你就会变得更加智慧，以豁达的心态面对生活。你会变得更开阔，也更有活力。你将拥抱生活，热爱命运，而不是怀着苦涩与憎恨。你将踏上寻找自我、成为注定要成为之人的康庄大道。

致　谢

　　这本书最初萌出小芽的时候，我的第二个孩子刚刚出生几个月。因此，它是跟我的孩子们一起长大的。在培育这本书的过程中，我有过艰难焦躁的时刻，幸好在这一路上，有很多人支持着我。

　　众多荣格学派研究同僚给我提供了宝贵的帮助。琳达·伦纳德（Linda Leonard）的文章给了我灵感与指引。她在各个阶段都慷慨相助，给了我鼓励。在我写本书开头卡住时，苏珊·罗伯茨（Susan Roberts）耐心地聆听，告诉我干脆以童话作为开场。这部作品还是我在分析师培训中提交的论文，因此戴维·舍恩（David Schoen）、弗朗西丝·帕克斯（Frances Parks）和菲莉丝·拉普兰特（Phyllis LaPlante）都是这部作品最早的读者和塑造者。普迪·库尔贝格（Puddi Kullberg）给了我温暖的支持，并且真诚地跟我交流了意见。当我找不到贯穿全书的线索时，凯特琳·沃茨（Kaitryn Wertz）出现了，一如既往。她听我倾诉，给我反馈，协助我找到方向。她帮我统一了全书的中心譬喻，提议使用《两只匣子》这个故事。约瑟夫·李（Joseph Lee）一直是我心目中那个可靠、有爱又风趣的朋友。德布·斯图尔特（Deb Stewart）从一开始就在，她给我带来温柔的智慧、广阔的视角与敏锐的编者指引。没有她这个朋友，我感觉自己既养不好孩子，也做不出这本书。

还有很多人帮助过我。当这个项目开始走下坡路，我失去希望的时候，已故的韦弗利·菲茨杰拉德（Waverly Fitzgerald）指导我做出了可实行的书籍提案。之后在她的助力下，本书的导论和前两章得以顺利诞生。在我起草后续章节的过程中，她毫不吝啬地表示会给予支持。而在她与癌症做斗争的最后那几个月里，她依然在阅读我每天交出的章节，给予我宝贵的鼓励与反馈。

斯特拉·奥马利（Stella O'Malley）这位朋友出现得正是时候。她给我带来了灵感和支持。

我要对我的来访者们致以深深的谢意，无论是妈妈们还是其他人，他们每个人都教了我很多。我尤其感谢同意我在本书中使用咨询材料的来访者。

感谢我的经纪人阿德里安娜·斯蒂莫拉（Adriana Stimola），是她看到了本书的价值所在，一直深情地为之摇旗呐喊。感谢她在每个环节的指引和洞悉。

能与我的编辑黑雯·艾弗森（Haven Iverson）一起工作是莫大的福气。她从各方面使本书得到改进。感谢她的敏感和锐利，也感谢她的热诚与支持。此外，我还要感谢桑斯特鲁（Sounds True）的全体成员。

感谢多姆（Dom），谢谢你给我的人生带来了如此多的祝福。

# 故事清单

本书提及的故事来自世界各地。许多故事都很古老。以下是按故事在本书中的出现顺序所列的清单，并附上简单的故事出处信息，以及想进一步了解时可查阅的资料指引。

### 《两只匣子》

斯堪的纳维亚故事，最初由英国学者本杰明·索普（Benjamin Thorpe）收集，录于安德鲁·兰（Andrew Lang）的《橙色仙子书》（*The Orange Fairy Book*）。类似的故事包括法国童话《钻石与癞蛤蟆》（*Diamonds and Toads*）。南美洲的版本尤为迷人，叫《会说话的鸡蛋》（*The Talking Eggs*），重述者为罗伯特·D.圣苏西（Robert D. San Souci），由杰里·平克尼（Jerry Pinkney）绘制美妙的插画。

### 《海豹新娘》

苏格兰故事。更多细节可查阅海迪·安妮海纳（Heidi Anne Heiner）的《世界美人鱼和水精灵故事集》（*Mermaid and Other Water Spirit Tales from Around the World* )。

## 《天鹅少女》

有许多关于女性变成天鹅的故事。这一则由约瑟夫·雅各布斯（Joseph Jacobs）收集。民俗学家 D.L. 阿什利曼（D.L.Ashliman）在收集整理此类型故事。

## 《德墨忒尔与珀耳塞福涅》

该神话版本众多。我参考的版本为《献给德墨忒尔的荷马颂歌》（*The Homeric Hymn to Demeter*），约于公元前七世纪写就。我第一次听到这个故事，是母亲给我读英格丽·多莱尔（Ingri d'Aulaire）与埃德加·佩林·多莱尔（Edgar Parin d'Aulaire）写的《多莱尔的希腊神话书》（*D'Aulaires' Book of Greek Myths*）时。

## 《玫瑰公主》

这则故事更广为人知的名字是《睡美人》，出自《格林童话》。有一个英文版本由马伦·克拉夫特（Mahlon Craft）重述，基诺·克拉夫特（Kinuko Craft）绘制栩栩如生的插图，她是我最喜欢的童话书插画家之一。

## 《月光公主》

出自十世纪的日本传说《竹取物语》，该故事又名《辉夜姬物语》。2013 年，日本动画公司吉卜力工作室发行了由该故事改编的优美动画长片，导演是高畑勋。

## 《六只天鹅》

出自《格林童话》。有个 1998 年出版的英文版用了多萝特·东策（Dorothee Duntze）绘制的插图，完全捕捉到了该故事的美与哀愁。

## 《乌鸦》

出自《格林童话》。

## 《两个女人的故事》

塞拉利昂林姆巴族的民间故事，记录于 1961 年，收录在凯瑟琳·拉根（Kathleen Ragan）的文集《无畏的姑娘、聪明的女人和受宠的姐妹：世界民间故事中的女主人公》（*Fearless Girls, Wise Women & Beloved Sisters: Heronies in Folktales from Around the World*）。

## 《比安卡贝拉与蛇》

意大利故事，由乔瓦尼·斯特拉帕罗拉（Giovanni Straparola）收集。

## 《小破烂》

挪威故事，由彼得·C. 艾比约森（Peter C. Asbjornsen）与约尔延·穆厄（Jorgen Moe）在十九世纪中期收集。我喜欢给孩子们读 1993 年由劳伦·A. 米尔斯（Lauren A.Mills）重述并绘制插图的版本，标题为《小破烂和小妖精》（*Tatterhood and Hobgoblins*）。

## 《黑公主》

德国故事。玛丽-路薏丝·冯·法兰兹在著作《童话中的阿尼姆斯和阿尼玛》（*Animus and Anima in Fairy Tales*）中讲述并探讨了这个故事。

## 《长角的女人》

爱尔兰故事。由王尔德夫人（Lady Wilde）收集，首次收录于 1887 年出版的《爱尔兰古老传说、魔咒与迷信》（*Ancient Legends, Mystic Charms, and Superstitions of Ireland*）中，也收录于凯瑟琳·拉根的文集《无畏的姑娘、聪明的女人和受宠的姐妹：世界民间故事中的女主人公》。

### 《甜粥》

出自《格林童话》。

### 《美丽的瓦西里萨》

俄罗斯故事，由亚历山大·阿法纳西耶夫（Alexander Afanasyev）收集。该故事最著名的插图作者是伊万·比利宾（Ivan Bilibin）。我最喜欢的英文版本名为《雅加婆婆和勇敢的瓦西里萨》（*Baba Yaga and Vasilisa the Brave*），由玛丽安娜·梅耶（Marianne Mayer）重述，基诺·克拉夫特（Kinuko Craft）绘制插图。她绘制的雅加婆婆真是怪异得可爱！

### 《格洛斯卡普和小宝宝》

阿尔贡金人的传说，收录于简·约伦（Jane Yolen）的文集《最受欢迎的世界民间故事》（*Favourite Folktales from Around the World*）。

### 《克里希纳吃土》

克里希纳吃土的故事出自《薄伽梵往世书（第十卷）》（*Srimad Bhagavata Purana Book X*）。尽管很难界定这段文本的创作时间，但应该不晚于六世纪。我参考的英文版本标题为《克里希纳：神的美丽传说》（*Krishna: The Beautiful Legend of God*），由埃德温·F.布莱恩特（Edwin F. Bryant）翻译。

### 《矮人妖精》

这则著名的故事当然是出自《格林童话》。我最喜欢的英文版本由保罗·欧·泽林斯基（Paul O. Zelinsky）重述并绘制插图。插画中的金线真的闪闪发光！

### 《被偷走的娃娃与仙丘精灵》

苏格兰故事，收录于凯瑟琳·拉根的文集《无畏的姑娘、聪明的女人和受宠的姐妹：世界民间故事中的女主人公》。

## 《赫比亚斯妖怪》

　　收录于《英语童话拾遗》（*More English Fairy Tales*），约瑟夫·雅各布斯著。

## 《无手少女》

　　该故事版本众多。故事的第一部分我参考的是格林兄弟的版本，结尾则是意大利的版本。意大利版本名为《橄榄》（*Olive*），收录于《意大利民间故事》（*Italian Folktale*），由伊塔洛·卡尔维诺（Italo Calvino）选取并重述。

# 当女巫敲响我的门

我永远记得 2019 年那个夏天的深夜。

那是又一个我被女儿吵醒的夜晚。在此之前，我已经过了将近一年半连续睡眠不超过三小时的日子。女儿刚断奶，夜醒比哺乳时还要频繁。我半睁着渴睡的眼睛，在黑暗中伸手摸索她小小的身体，机械地轻轻拍打。手机上显示着 3:40。

我就这样徒劳地安抚着。时间变得特别漫长，我特别想重新睡过去，可她始终哭个不停。于是突然之间，我崩溃了。我坐起来，狂乱地抓着自己的头发，恶狠狠地对着身旁不肯入睡的婴儿大吼："别哭了！快闭嘴！"我的眼泪不可抑制地流了满脸。

到今天，女儿快五岁了，但我依然清晰地记得那天夜里的感受。那种烦躁，那种愤怒，还有愧疚和无助。从那天起，我才开始真正地去思考这个问题：

成为母亲，究竟意味着什么？

　　我是八十年代出生的人。从小接触的文艺作品中，"妈妈"都是以伟大的形象出现。我听过无数献给母亲的赞歌。晚会小品里，演员们总是热泪盈眶地拉着妈妈的手，感激她付出的一切。我自己的妈妈就是典型的贤妻良母。她毫无怨言，吃苦耐劳，一手把我拉扯大，跟我感情十分深厚。因此，我也期盼长大以后做一个像她这样能干的母亲。

　　然而，当我真的生下女儿，真的做了妈妈，我才猛然意识到，事情跟我听到的、想到的实在是大不一样——我的身体结构无可逆转地改变了，激素使我情绪失控，生活重心的彻底转移让我几乎完全失去了个人的时间，更不必提初为人母的无措和慌乱……我仿佛看到自己的人生被新来的生命蚕食，这让我产生了极大的恐惧。我不由得想，这就是领取"母亲颂歌"必须付出的代价吗？为了这个"奖品"，我要如此献祭自己，真的值得吗？

　　很感谢湛庐文化的季阳总编给我发来了这份书稿。第一遍通读，我就已经泪流满面。本书作者莉萨·马尔基亚诺的妈妈跟我妈妈不一样。她的妈妈对生孩子一事充满悔意，这让莉萨起初很抗拒做母亲。但在经历了抑郁症、转职等一系列颠簸之后，她最终成为两个孩子的母亲。她将自己的这场历程形容为"淬炼"，而这本书就是这场淬炼诞生的结晶之一。而当我读完之后再回到自己的问题时，我发现我的思考方向已经完全被扭转了。

　　当我用"献祭"来形容做母亲的历程，当我感到自己被蚕食、被吞噬，找不到出口时，真正的问题并不是婚育与否，而是我在使用什么样的体系评判我的人生。我意识到从前我所习惯的评价体系实际上是以集体为立足点的。作为女性，我对集体——小家、大家、全人类——能做出怎样的贡献，就决定了我具有怎样的价值。母亲之伟大，在于置自身安危于不顾，为人类孕育新生命；母亲之高尚，在于将自身利益放到末位，以家庭利益为先，牺牲自己，成全别人。因此，我们要辞去工作，要牺牲睡眠，要让渡自身。越是忍耐，越是退让，就越是表明我们正在将自己熔铸为垫脚石般的存在，也就越能获得来自集体的"颂歌"。在这样的评价体系之中，"成为母亲"的确是一场无情的献祭。"母亲"和"自己"彻底对立起来，因为任何试图成就自己的努力都是对集体的背叛。然而，人都有成就自我的欲望。就这样，痛苦随之而来，拉扯着我，撕裂着我，让我血肉模糊。

然而，莉萨的讲述却扭转了我的思路。她以荣格的"自性化"理论为基础，借用我们熟悉的童话故事，让我看到了一个新的评价体系，那就是以个体为立足点的评价体系。当我从个体出发，重新审视母亲的角色时，一切都变了。怀孕、分娩、哺乳、育儿等女性独有的人生体验从诅咒变成了礼物，我不再把它们视为折磨，而是珍贵的人生经验。我不再把自己投入集体的熔炉，而是通过淬炼自身，给予自身宝藏；通过自我献祭，成就新的自己。一切不再是为了获得一张孩子的常青藤名校录取通知书，也不再是为了获得大型机械对螺丝钉的赞誉，而是为了取得更为完整的属于自己的灵魂地图，从而更加自如地行走在我广袤的内在森林里。

在本书中，莉萨运用"下井"的比喻，带领我们一步步踏过这趟独特的旅程：坠井时失去自由和失控的感觉，来到井底时面对黑暗的恐惧和抵触，以及最终浮出水面时，细数所获取宝藏时的惊喜。她使用童话作为荣格理论的载体，让我们从数千年来女性潜意识的集合中听到自身忧虑的回响，与此同时，也让模糊抽象的心理学概念变得触手可及。

书中尤其令我感同身受的是《长角的女人》这个故事。在翻译这段的过程中，我几乎是泣不成声。故事里的女人在全家都已安睡的午夜时分独自纺羊毛，忽然便传来了女巫的敲门声。莉萨写道："对女儿发火的那一天，就是女巫们第一次敲响了我的门。"莉萨引述的故事和她分享的个人经历，都让我一下子回想起了自己对着孩子失控大吼的那个深夜。我感受到了极大的安慰。身为母亲，虽然我们年龄、背景、原生家庭各不相同，但我们都听到过女巫敲门的声音。不过在此之前，我的思考总是停留在这一刻，停留在对女巫的恐惧和绝望之中。可关键的问题在于：接下来该怎么办？

那天之后，我和每个对孩子发完脾气的妈妈一样，涌现出了深深的内疚和强烈的自我厌恶。无论是什么让我的情绪变得暴躁和不稳定，我都不愿把这个负面的后果倾泻到孩子身上。我的初衷是为了孩子控制自己的情绪，改变自己的性格，但渐渐地，我发现我需要的不是控制，而是接纳；不是改变，而是了解。正是"成为母亲"这个契机让我意识到，原来我对"自己"一无所知。由此，我走上了探索自我的道路。正如莉萨的故事所说，虽然女巫的敲门声让我们恐惧，虽然女巫进门意味着危险，但我们必须经历那样的夜晚。因为只有那样，我们才能拿到女巫的斗篷，获得她们的力量。

那一天是女巫第一次敲我的门，但也绝不是最后一次。我一次又一次地经历着那样的夜晚，不断体验着从恐惧、绝望到充满勇气的循环。在这样的淬炼之中，我锻造出了独属于我的武器，我将带着它继续我的征程。这段征程是孤独的，痛苦的，也是漫长的，但直到现在我仍然在走，因为我知道这是对的路，这是独属于女性的英雄之旅。

黄天怡
2023 年春

# 未来，属于终身学习者

我们正在亲历前所未有的变革——互联网改变了信息传递的方式，指数级技术快速发展并颠覆商业世界，人工智能正在侵占越来越多的人类领地。

面对这些变化，我们需要问自己：未来需要什么样的人才？

答案是，成为终身学习者。终身学习意味着具备全面的知识结构、强大的逻辑思考能力和敏锐的感知力。这是一套能够在不断变化中随时重建、更新认知体系的能力。阅读，无疑是帮助我们整合这些能力的最佳途径。

在充满不确定性的时代，答案并不总是简单地出现在书本之中。"读万卷书"不仅要亲自阅读、广泛阅读，也需要我们深入探索好书的内部世界，让知识不再局限于书本之中。

## 湛庐阅读 App: 与最聪明的人共同进化

我们现在推出全新的湛庐阅读 App，它将成为您在书本之外，践行终身学习的场所。

- 不用考虑"读什么"。这里汇集了湛庐所有纸质书、电子书、有声书和各种阅读服务。

- 可以学习"怎么读"。我们提供包括课程、精读班和讲书在内的全方位阅读解决方案。

- 谁来领读？您能最先了解到作者、译者、专家等大咖的前沿洞见，他们是高质量思想的源泉。

- 与谁共读？您将加入到优秀的读者和终身学习者的行列，他们对阅读和学习具有持久的热情和源源不断的动力。

在湛庐阅读 App 首页，编辑为您精选了经典书目和优质音视频内容，每天早、中、晚更新，满足您不间断的阅读需求。

【特别专题】【主题书单】【人物特写】等原创专栏，提供专业、深度的解读和选书参考，回应社会议题，是您了解湛庐近千位重要作者思想的独家渠道。

在每本图书的详情页，您将通过深度导读栏目【专家视点】【深度访谈】和【书评】读懂、读透一本好书。

通过这个不设限的学习平台，您在任何时间、任何地点都能获得有价值的思想，并通过阅读实现终身学习。我们邀您共建一个与最聪明的人共同进化的社区，使其成为先进思想交汇的聚集地，这正是我们的使命和价值所在。

# CHEERS

## 湛庐阅读 App
## 使用指南

**读什么**
- 纸质书
- 电子书
- 有声书

**怎么读**
- 课程
- 精读班
- 讲书
- 测一测
- 参考文献
- 图片资料

**与谁共读**
- 主题书单
- 特别专题
- 人物特写
- 日更专栏
- 编辑推荐

**谁来领读**
- 专家视点
- 深度访谈
- 书评
- 精彩视频

HERE COMES EVERYBODY

下载湛庐阅读 App
一站获取阅读服务

图书在版编目（CIP）数据

女性的英雄之旅 /（美）莉萨·马尔基亚诺（Lisa Marchiano）著；黄天怡译 . -- 北京：中国纺织出版社有限公司 , 2023.6
书名原文：Motherhood
ISBN 978-7-5229-0570-9

Ⅰ . ①女… Ⅱ . ①莉… ②黄… Ⅲ . ①母亲—女性心理学—通俗读物 Ⅳ . ① C913.11-49 ② B844.5-49

中国国家版本馆 CIP 数据核字（2023）第 087116 号

责任编辑：闫　星　　责任校对：高　涵　　责任印制：储志伟

中国纺织出版社有限公司出版发行
地址：北京市朝阳区百子湾东里 A407 号楼　邮政编码：100124
销售电话：010—67004422　传真：010—87155801
http://www.c-textilep.com
中国纺织出版社天猫旗舰店
官方微博 http://weibo.com/2119887771
天津中印联印务有限公司印刷　各地新华书店经销
2023年6月第1版第1次印刷
开本：710×965　1/16　印张：16
字数：200千字　定价：109.90元

凡购本书，如有缺页、倒页、脱页，由本社图书营销中心调换